中国脱贫攻坚
县域故事丛书

County-level Story Series on
Poverty Alleviation in China

# 中国脱贫攻坚
## 黔西故事

全国扶贫宣传教育中心 组织编写

人民出版社

# 目 录
CONTENTS

# 前　言

　　黔西县地处乌蒙高原东部，作为毕节试验区第一个脱贫摘帽县，黔西在党的领导下，经过自身艰苦奋斗和外部大力支援，创造了乌蒙山区逆势崛起的奇迹，走出了一条有自身特色的脱贫致富之路，为中国其他区域和世界贡献了一个良好样本，其成功的经验和措施值得深入总结与提炼。

黔西杜鹃

## 一、黔西县情概况

黔西县，隶属于贵州省毕节市，位于乌蒙高原东部、乌江中游、鸭池河北岸，距省会贵阳 68 公里，距毕节市政府所在地七星关区 77 公里，是毕节市的东大门，是黔中经济圈旅游、物流、商贸经济流向西北方向的第一要塞，有"水西门户、贵筑藩屏，黔中腹地、省府咽喉"之称。境内的杜鹃花品种众多，享有"中国杜鹃花都"美誉。

黔西县具有低纬度、高海拔的地理位置特点，县域总面积 2380.5 平方公里，辖 25 个乡镇、5 个街道、364 个行政村，居住着汉、彝、苗等 18 个民族，人口近百万。受"群山环抱"的地形条件的影响，这里的人们深陷"人口增长——环境脆弱——贫困——掠夺资源——环境恶化——贫困加剧"恶性循环怪圈。1988 年，时任贵州省委书记的胡锦涛同志提议在贵州省毕节地区建立"开发扶贫，生态建设"试验区，黔西在地委、行署的领导和民主党派中央、试验区专家顾问组及社会各界的支持和帮助下，经济社会取得了长足发展。截至 2013 年年底，黔西县按人均纯收入 2736 元（相当于 2010 年不变价）以下为识别标准，全县贫困人口识别 35000 户 138254 人，贫困发生率 15.58%。

## 二、毕节试验区的设立

毕节试验区，1988 年 6 月由国务院批准建立，位于贵州省西北部的毕节市，是川、滇、黔三省的交通要冲。北接四川、西邻云南，东与本省的遵义市、贵阳市接壤，南与六盘水市、安顺市相连。辖七星关、大方、黔西、金沙、织金、纳雍、威宁、赫章一区七县，涵盖贵州省毕节市全部市县，总面积 26853 平方公里，人口 720 万人。全区冬无严寒，夏无酷暑，山川秀美，资源丰富，人民勤劳，民风淳朴。

自毕节试验区建立以来，黔西在地委、行署的领导和民主党派中央、试验区专家顾问组及社会各界的支持和帮助下，围绕试验区"开发扶贫、生态建设、人口控制"三大主题，团结带领全县人民大力弘扬"坚定信念、艰苦创业、求实进取、无私奉献"的试验区精神，积极探索破解贫困山区恶性循环怪圈的新路子。

### 三、党中央情系毕节

2018 年，习近平同志对毕节试验区工作作出重要指示强调，要尽锐出战、务求精准，确保毕节试验区按时打赢脱贫攻坚战。同时，要着眼长远、提前谋划，做好同 2020 年后乡村振兴战略的衔接，着力推动绿色发展、人力资源开发、体制机制创新，努力把毕节试验区建设成为贯彻新发展理念的示范区。

2018 年 7 月 19 日，中共中央政治局常委、全国政协主席汪洋出席统一战线参与毕节试验区建设座谈会并指出，中国特色社会主义进入新时代，毕节试验区建设也进入新阶段。统一战线要发挥人才荟萃、智力密集、联系广泛的优势，帮助培育特色脱贫产业，协调解决重点难点问题，搞好脱贫攻坚民主监督，助推试验区按时打赢脱贫攻坚战。要围绕事关试验区长远发展的重大问题开展前瞻性研究，推动有关方面实施好重大环保工程和生态建设工程，大力协助培养人才，助力试验区建设成为贯彻新发展理念示范区。

结合习近平同志对贵州和毕节工作的系列重要指示、批示精神，黔西县认真落实中央和省、市工作会议决策部署，统筹推进县域"五位一体"总体布局，协调推进"四个全面"战略布局；坚持把脱贫攻坚作为头等大事和第一民生工程，以脱贫攻坚统揽经济社会发展全局，深入实施大扶贫战略行动。

# 第1章

昔日黔西：贫困图景

黔西县属于山区和边远地区，贫困致因复杂多样，既有客观的，也有主观的，既有经济因素，也有非经济因素，发育典型的喀斯特地貌，比较恶劣的自然条件，相对不佳的人文环境交织在一起，共同导致黔西贫困基本图景的形成。以至于在脱贫攻坚前黔西县"一达标、两不愁、三保障"目标远未实现。

黔西县昔日新仁乡化屋村麻窝寨

# 第一节　黔西贫困成因

## 一、自然地理环境较差是贫困发生的基本背景

1.频发的自然灾害。黔西县位于乌蒙山区，地势高耸，自然条件复杂多样，春迟夏短，秋早冬长，降水量变化明显，小气候差异大，因此连年都有不同程度、不同区域的旱、雹、风、霜及低温（倒春寒或秋绵雨）、偶发性暴雨等自然灾害出现，给农业生产和群众生活带来较大影响。

2.脆弱的生态环境。黔西境内山脉众多，绵延起伏，素有"八山一水一分田"之说，其中88%以上的区域海拔在1500米以上。境内喀斯特地貌发育非常显著，出露的碳酸盐岩面积达1149.35平方千米，占全县土地面积的45%，其中耕地面积596.62平方千米，占石灰土面积的51.91%。喀斯特是一种具有特殊的物质、能量、结构和功能的生态系统。这类地区土壤形成缓慢，土层贫瘠，土壤熟化程度低，再加上水土流失冲走土层中大量养分，使土壤的理化性状大大降低，土壤越来越贫瘠，单产越来越低。

黔西贫困人口主要分布在石山区、深山区，与这些地区脆弱的生态环境具有较高的空间耦合性。例如，太来彝族苗族乡是一个典型的石山区贫困乡。2005年总人口0.9万人，共有贫困村7个，其中一类贫困村4个，二类贫困村2个，三类贫困村1个。境内耕地面积2.7万亩，水稻田0.25万亩，人均不足0.3亩；旱地面积2.45万亩，旱地中25度以上的坡耕地有1.1万亩。中建乡位于黔西县东北边缘，光照条件差，日照百分率低于25%；地势较高，起伏大，水资源缺乏，年降水量在1000毫米以下；土壤肥力较差，有机质含量<3%的土壤占全乡旱地面积的53.61%，有效磷含量<5%的旱地

面积占 58.41%，属严重缺磷地区，生产潜能较低。部分农户甚至在石头缝间种植玉米和其他粮食，粮食产量极低。"一季不够半年粮"，尽管群众勤劳经营，但大多数人还挣扎在温饱线上。绿化乡是黔西典型的石漠化地区，过去靠种玉米吃饭，连温饱也解决不了，部分群众的顺口溜称："一半山石一半土，一个旮旯栽一株。风里雨里刨苞谷，年年到头白辛苦。"

3. 农业生产和生活缺水严重。黔西虽然降雨量尚可，多年平均为 958.738 毫米，但降水分布无论是时间上还是空间上均不协调。雨季一般为四月至十月，降雨量达 851.616 毫米，占全年降水量的 88.82%。枯季为 1 月至 3 月以及 11 月至 12 月，降雨量仅为 107.122 毫米，占全年降雨量的 11.18%。降雨量在空间分布上，西部和南部的山地水量较多，年降雨量 1050 毫米，东部的降雨量较小，在 950 毫米以下。降雨的时空分布不均匀，加之喀斯特地貌强烈发育，导致水资源因跑、冒、漏等各种原因大量流失。地下水资源多，地表水缺乏，尤其在石山深山区、高山区，地形切割强烈，地表水易渗漏，干旱时节，部分贫困村群众不得不到几十里的地方背水度日。素朴镇曾经流传这样一句顺口溜："素朴素朴，吃水'当吃肉'，男人不在家，女人坐起哭。"在吃水困难的岁月中，素朴镇村民如要出远门走亲戚，家里男人总是要先把水缸灌满，把各种桶、盆装满水，然后才放心出去，否则女人在家里洗菜做饭没水用。

黔西县绿化乡湾箐村高炉寨子里，村民们一直用水桶挑水吃

## 二、社会经济条件较差是贫困发生的关键因素

1. 落后的交通路网建设。黔西落后的交通条件严重影响区域经济发展。直到 2013 年 2 月，黔织高速公路正式通车，才结束了黔西一直没有高速公路的窘状。脱贫攻坚前黔西乡村公路体系建设也相当落后，80 多户村民几乎与世隔绝，多年靠一条悬挂在崖壁上的"天路"和寨门口的一条水路与外界取得联系，饱受交通闭塞之苦。在一类贫困乡中建乡，曾几何时大多数村子运东西出去全靠人背马驮。即使有路，也是不到三米宽的砂子路，山高路陡，事故多发。落后的交通如同一把无形的枷锁，成为黔西经济社会发展和群众脱贫致富的制约因素。

2. 不合理的农业开发方式。黔西农业资源开发方式不合理主要表现在以下两个方面：(1) 种植结构不合理。全县山区多，陡坡地多，如中建苗族彝族乡，海拔高差接近 1000 米；部分地区不适宜发展粮食种植，但却适宜发展生态型产业，如林业、果业、生态型畜牧业等。脱贫攻坚前，该乡由于缺少资金、技术以及市场组织化程度低等原因，导致农业生产方式以单一的水稻和玉米种植业为主，形成自给自足的垦殖型小农生产方式。(2) 农业生产方式落后。由于缺少资金和技术，再加上农业技术推广体系不健全，农业科技服务人员不足，导致农业生产的良种、良法推广面积小，大多采用粗放式的广种薄收模式，难以糊口，收入微薄。

3. 滞后的区域发展水平。区域经济发展水平、速度与贫困有着直接联系，黔西所在的西部落后地区同时也是贫困人口分布最集中、贫困问题最突出的地区。

(1) 从省域尺度来看，黔西所在的贵州省，是我国经济发展最为滞后的省份之一。2013 年全省的 GDP 为 8006.79 亿元，在全国排名倒数第三，不及广东省的 1/7；人均 GDP 排在全国最后，为 22862 元，只及全国平均水平的一半。黔西县所在的石漠化片区是西部落后地区

中的落后地区。

（2）从市域尺度来看，黔西所在的毕节市，其 800 多个乡镇中有 600 多个属于贫困乡镇，超过总数的 80%。该地区曾被联合国定义为"最不适宜人类居住的地方"，有"苦甲天下"之称。虽然 2013 年 GDP 总量在贵州仅次于贵阳和遵义两市，但人均 GDP 位居全省末位，在全国 289 个城市综合实力排行榜中居 247 位。

（3）从周边县域来看，黔西周边的赫章、威宁、纳雍、大方、织金 5 个县同样也是国家级贫困县，贫困区县连片分布带来的"贫穷溢出效应"会进一步加剧黔西贫困治理的难度。显然，较落后的区域发展会导致无论是救济式的输血扶贫还是开发式的造血扶贫，省、市、县都难以拿出足够的资金投入，这无疑在很大程度上制约了黔西扶贫事业的推进进程。

4. 落后的文化环境。1959 年，美国人类学家刘易斯（Oscar Lewis）在其所著的《五个家庭：墨西哥文化贫困实例研究》中提出"贫困文化"概念。他认为，贫困者之所以贫困和其所拥有的文化有关。黔西山大沟深，交通闭塞，信息不畅，长期的贫困使群众不能在广泛的社会文化背景中去认识自己的苦难。这种社会的、文化的或心理的因素长期积淀后，就会形成落后的心态和一成不变的思维定式、价值取向，进而形成顽固的文化习俗、意识形态。"贫困对人的尊严和人性的堕落所造成的后果是无法衡量的"，僵化的思维方式遮蔽了黔西贫困群众的视野，制约了他们的生产和生活方式，要实现脱贫致富，内在动力应该首先被激发出来。

5. 人口综合素质不高。任何地区的经济社会发展均离不开人的因素，人是推动区域发展诸条件中最具活力的因素。黔西贫困人口综合素质低下的主要原因有：（1）获取、吸收和交流知识的路径困难。首先，贫困山区的群众子女上学机会太少、太困难，现有的农村教育服务质量太差。在新仁苗族乡，小寨小学因教室数量不够，只能在高年级（四、五、六）实行"二部制"教学模式，校园图书馆、实验室及

黔西县人民医院旧貌——住院楼

健身娱乐器材几乎是一片空白。其他少数学校虽得到社会捐助的部分实验器材，但由于缺乏专业的实验老师以及实验器材的不完善，也几乎没有进行正常的实验教学。其次，留守儿童的上学难问题。由于黔西县的留守儿童一般都居住在海拔较高的山上，离学校路程遥远，上学往返时间接近两个小时；再加上留守儿童的监护人都是年迈的祖父母，身体不好，文化素质不高，导致留守儿童的辍学率较高。（2）医疗卫生服务能力弱，妇幼保健力量不足，基层卫生服务能力不足。在政府支持不足和区域严重贫困的情况下，贫困山区要么卫生站房屋破旧，要么服务站点数量不足或医药物品供应不足，要么缺乏必要设备，贫困户很难获得良好的医疗服务。

## 第二节　黔西贫困图景

### 一、吃不饱、穿不暖、吃水难

长期以来，黔西农村特别是经济比较落后的偏远山区，自然资源缺乏，生产条件恶劣，各类食物的产量难以满足需求，有相当一部分居民不够吃，没有解决温饱问题。2018 年全县没有脱贫出列之前，黔西县有贫困群众 1 万余人存在穿不暖的生活困难。

如前所述，黔西县农业生产和生活缺水严重。同时，由于石山和高山地貌特征，建设蓄、引、提、排等水利工程施工难度大，投资金额大，投资效益差，导致工程性缺水十分严重。脱贫攻坚前，黔西小水源基本没有保障，尤其是季节性水源，枯水期基本全部干涸。由于缺少适宜的水利工程，农业生产主要靠天吃饭，产量不稳定，农民增收难且易返贫。

脱贫攻坚工作开展以前的黔西，农村多数群众饮水只能靠到很远的山沟或者水井里挑，有些地方挑一次水来回需要两个小时左右，在 2018 年以前有 10 余万群众存在饮水困难。

黔西县新仁乡麻窝寨搬迁前，当地的孩子在简陋的房屋前啃着柑橘

脱贫前，黔西县甘棠镇三马村的一家贫困户

黔西县洪水镇附廓水库

黔西县洪水镇没有通自来水前，吃水只能到很远的地方去挑

## 二、住房居住条件较差

受限于自然环境条件，黔西村民多就地取材，建造土坯房居住。在脱贫攻坚工作开展以前，黔西县的部分贫困村寨群众房屋简陋，基本上是土墙房、茅草房，冬天只能在家中生火取暖，有少数群众买不起煤，只能烧柴做饭。2018 年以前，黔西县至少有 50 余个村寨房屋简陋，急需升级改造。

偏远山区居民的多数房屋破旧、漏水、裂缝、地基下陷、防灾抗灾能力差，安全系数低，隐患大。受到地理环境的限制，部分群众背山依水居住，房屋靠山、靠崖、沿河而建，山体塌方、洪水、泥石流地质灾害隐患严重。部分村庄群众居住在生态条件比较恶劣的高山、深山地区，户少人稀，居住分散，自来水无法通达，水源地较远，道路以山路、土路为主，坡陡弯急，出行不便，晴通雨阻，影响群众正

黔西县金兰镇哈冲苗寨苗胞搬迁前在老屋前合影

黔西县太来乡箐口村长沟组贫困户的土墙房　　黔西县甘棠镇村民原居住的房子

常生活。大部分群众卫生意识淡薄，环保观念不强，畜禽圈舍与住宅混杂，生活用房和生产用房部分混杂，住人、存粮、堆放杂物混在一起。宅基地周围乱搭乱建，简易厕所和残垣断壁随处可见，院内外

黔西县花溪乡安作村一家贫困户曾经居住的茅草屋

黔西县洪水镇官桩村村民原住房内部生活条件　　黔西县钟山镇村民曾经居住的老房子室内

畜禽粪便、柴草杂物乱堆乱放，污水垃圾乱泼乱倒，"脏乱差"现象严重。

## 三、教育保障水平不高

受限于自然环境，黔西贫困人口大多居住分散、偏僻，孩子上学路途较远，不少群众对中小学教育不重视，加之贫困户本身生活困难，父母供养孩子上学的积极性偏低，适龄儿童失学、辍学率较高，青壮年文盲比例偏大。与此同时，县内不少学校的教学质量和办学水平不高，尤其缺乏熟悉环境、掌握地方方言，具备良好知识结构体系及综合素质较高的教师。部分居民教育保障水平低下，农业技能和非农技能少，进城务工也是主要从事低技能工作，思想上还守着"靠一身力气吃饭"的落后思维。伴随大量农村劳动力外出务工，只有老人、妇女和儿童留守村寨，这部分人文化程度更低，人力资源更为短缺。

在2018年以前，黔西县坪子小学教学基础设施薄弱，学校的操场没有硬化，学校只有水泥沙石浇筑的乒乓球台，更谈不上现代化教学设施设备，师生教学条件极为艰苦。

黔西县坪子小学原貌

20 世纪 80 年代以前，黔西县锦星一小一个班级有 20 多个学生，一个老师包班当班主任，教室简陋，班级设施陈旧，用木板搭台做课桌凳，有的学生自己带小板凳。学生书包里只有薄薄的几本书、两三个作业本、一支笔。1996 年"普六"复查，中央财政拨款，地方财政匹配资金，黔西县锦星一小撤掉三间旧土墙房，修建一栋两层楼 300 平方米砖混结构教学楼，学校实现"一无三有"——学校无危房，班班有教室，人人

黔西县锦星一小原貌

有课桌，校校有厕所。黔西县锦星一小原来的活动场地简陋，是泥地操场，利用一块稍高的土台当舞台，六一儿童节时，同学们在土台上表演节目，展示自己的才华。

## 四、医疗保障程度较低

多年来，黔西恶劣的人居生存环境对群众的身体健康造成严重威胁，各类慢性病发病率较高。长期以来黔西各类卫生机构房屋破旧、服务站点数量少、医药物品供应不足、缺乏必要的基本设备、专业卫生人

黔西县人民医院旧貌——医技科室楼

才紧缺、交通不便，部分群众难以获得基本的健康服务，"小病拖、大病挨"的现象比较普遍。大多数农民看病费用基本上是自己完全承担，社会医疗保障完全没有覆盖到位，看病难、看病贵问题给家庭造成巨大负担，影响到农业生产。

## 五、交通路网建设落后

黔西是偏安一隅的西南小县，不仅远离国家政治与经济中心，而且与西部经济中心成都、重庆等城市存在层层山峦阻碍。在石漠化片区，是否通铁路对区域贫困发生率存在显著影响。该片区虽有湘黔线、黔桂线、桂昆线等铁路穿过，但黔西长期没有铁路站点。在脱贫攻坚前，黔西在高等级公路方面的建设也鲜有"亮点"，2001年10月才有了第一条连接省会贵阳的贵毕公路。山路弯弯，这条路交通事故频频发生，沿线的下半沟大桥、高家岩隧道等尤为危险。

不仅如此，由于山高沟深，群众居住分散，道路需求线长、点多、工程量大，在脱贫攻坚前，黔西乡村公路体系建设也相当落后。"晴天一身灰，雨天一脚泥"是群众出行难、致富难的真实写照。在素朴镇，有一个偏远落后的苗族村寨屯江，三面环山一面临水，寨子里的孩子读书要过河，物资买卖要坐船，修房的水泥、钢筋运进来成为天价。

就黔西实际情况来看，典型的喀斯特地貌、极其落后的传统思想和农业生产方式，是黔西贫困发生的根本原因。在这片脆弱的土地上

黔西县大关镇丘林村 1958 年建成的鸭池河老桥

黔西县红板村 2014 年通村公路未硬化原貌

黔西县林泉镇修建前的通组路泥泞不堪

生存和发展异常艰难，付出很多，收获很少。而极其原始的农耕生产方式使得人们只能靠天吃饭、靠地吃饭。为了有饭吃，人们必然要开垦土地，这就必然要生育男孩，投入劳力；必然要砍伐林木，破坏植被。当植被遭到破坏，水土流失就会越来越严重，石漠化会越来越显现，土地会越来越贫瘠，人们的收获就会越来越少，就越来越没有饭吃。因此，人们就会再去开垦土地……循环往复，形成了"越生越穷、越穷越生；越垦越穷、越穷越垦"的恶性循环，这是黔西县长期以来面临的贫困现实。

实际上，自然环境条件恶劣对当地社会经济和民众思想意识有明显塑造作用，自然与人文因素的相互强化，共同构成贫困发生的根源。在黔西不同地区和不同时段，自然环境条件与人文社会因素对贫困发生的贡献不完全相同，由此形成自然环境主导型贫困、人文环境主导型贫困以及自然—人文环境共同主导型贫困等不同类别。针对不同贫困类型，因地制宜、因时而异，采取地域差别化、人群差别化、时间差别化的有针对性的措施是脱贫攻坚精准发力应该遵循的基本原则。

第 2 章

光辉历程：脱贫攻坚
的奋进之路

# 第一节　合力攻坚　众志成城

党的十八大以来，以习近平同志为核心的党中央把脱贫攻坚工作作为实现第一个百年奋斗目标的重点任务。结合习近平同志对贵州和毕节工作的系列重要指示、批示精神，黔西县认真落实中央和省、市工作会议决策部署，统筹推进县域"五位一体"总体布局，协调推进"四个全面"战略布局；坚持把脱贫攻坚作为头等大事和第一民生工程，以脱贫攻坚统揽经济社会发展全局，深入实施大扶贫战略行动。

按照"中央统筹，省负总责，市县抓落实"和五级书记抓扶贫的要求，脱贫攻坚初期黔西着力建立健全指挥体系，成立以县委、县政府主要同志任双指挥长的县级扶贫开发领导机构和脱贫攻坚指挥中心，成立31个乡级指挥部和384个村级脱贫攻坚大队，实施统一调度。

黔西始终坚持党对一切工作的领导，始终坚持以"大党建"统领"大扶贫"，积极践行新时代党的组织路线，充分发挥各级党组织统揽全局、协调各方的领导核心作用。始终抓住党建这个"牛鼻子"。进一步健全完善总支连支部、支部连小组、小组连党员、党员连农户的基层党组织机制，突出抓好乡镇党委书记、村支部书记、农村致富带头人"三支队伍"建设。坚持建机制，聚活力，强化党的建设，夯实党的基层战斗堡垒作用，着力打造一支敢打硬仗、能打胜仗的脱贫攻坚"铁军"。通过增强党对脱贫攻坚的思想引领、组织引领和行动引领，保障脱贫攻坚打法的正确性和先进性，保障所有行动始终沿着正确的路径、朝着正确的方向前行。

2015年12月31日，黔西县隆重举行决战贫困万人誓师大会。会议由县委副书记李涌主持，全县29个乡镇（街道）党委（党工委）书记向县委县政府递交了脱贫攻坚责任状，一类贫困乡镇中建乡、观音洞镇以及县扶贫办主要负责人、同步小康驻村干部代表、贫困户代表进行了表态发言，县委副书记、县长杨汉华带领12000名干部群众向决战贫困宣誓，市委常委、县委书记卢林出席并做动员讲话。

据介绍，此次决战贫困万人誓师大会充分表明了县委、县政府"决战贫困，同步小康，时代使命，精准施策，科学治贫，有效脱贫"的决心，也表明了全县广大党员干部和群众"干群同心，合力攻坚，

黔西县脱贫攻坚大决战行动第十一次指挥长会议

奋勇争先，众志成城，决战决胜，全面小康"的必胜信心。

2017 年 11 月 29 日，黔西县召开脱贫攻坚大决战行动第十一次指挥长会议，会议由市委常委、县委书记卢林主持。

会议深入贯彻落实中央和省市关于脱贫攻坚的重大决策部署，建立科学高效组织指挥体系，成立以县委书记、县长任双指挥长的县级脱贫攻坚指挥中心，29 个乡级指挥部和 363 个村级脱贫攻坚大队，统一实施调度。

全县始终坚持精准扶贫、精准脱贫，紧紧围绕"群众满意、精彩出列"目标，深入调查研究，精准设计"时间表"、规划"路线图"，举全县之力尽锐出战，同心聚力脱贫攻坚，全力补齐各项工作短板，扎实抓好最后冲刺阶段的各项工作，确保脱贫攻坚工作在年底全面完成。同时还成立了四个脱贫攻坚督办督查组、10 个脱贫攻坚核查组、29 个民生监督组、13 个督查问责组，深入开展脱贫攻坚问题整改和扶贫领域监督执纪问责。

## 第二节　发展生产　砥砺前行

习近平同志强调："发展产业是实现脱贫的根本之策。要因地制宜，把培育产业作为推动脱贫攻坚的根本出路。"[①] 在脱贫攻坚实践中，黔西县始终坚持以产业发展为群众脱贫的重要支撑，守住发展和生态两条底线，聚焦产业扶贫全覆盖和"户户有增收渠道、人人有脱贫门路"目标。

① 李涛等：《习近平在宁夏考察时强调 解放思想真抓实干奋力前进确保与全国同步建成全面小康社会》，《人民日报》2016 年 7 月 21 日。

## 一、因地制宜谋发展——发展特色产业

黔西县坚持"优势产业优先发展，优势品种率先突破"的原则，以农旅融合为核心，加快形成"专业化、精细化、特色化"的产业发展格局，以可持续的特色产业发展助推脱贫攻坚。

◆◆ **故事一** ……………………………………………………

### 扶贫鲜花开出"美丽经济"

2019 年 8 月 15 日，贵州省毕节市黔西县洪水镇长堰村花卉种植基地，村民抢抓好天气在大棚里管护鲜花。

洪水镇长堰村依托恒大集团援建的 429 个扶贫大棚，引进贵州云卉农业科技发展有限公司经营主体，发展花卉产业。五彩花卉热销上海、广州、北京等地，不仅扮靓乡村，还成为当地农民

黔西县洪水镇长堰村花农在大棚里除草

黔西县洪水镇长堰村花卉生机勃勃

特别是建档立卡贫困户脱贫致富的美丽产业。长堰村花卉种植基地常年用工量逾万个，年发放农民工工资超过 170 多万元，经济效益和扶贫效益十分明显。

◆◆ **故 事 二** ··································

## 黔西县林泉镇百香果获得大丰收

林泉镇海子社区生态农业园里试种的百香果，经过数月培育，挂满了枝头，一个个壮硕的果实，风味浓郁，惹人垂涎。

林泉镇在猕猴桃基地内以短养长试种 100 亩百香果，成熟的百香果个头大、色泽亮、口感佳，亩产量在 1000 斤以上，亩产值超过 1.5 万元。

近年来，林泉镇大力调整农业产业结构，确立"果蔬之乡、

黔西县林泉镇村民在挑选百香果

农旅林泉"的发展定位，以"公司＋合作社＋农户"的运作模式，种植猕猴桃、脆红李、黄金李、蜂糖李、百香果、"黑珍珠"樱桃等精品水果共计 3 万余亩，实现了"山上果园，山下菜园"的良好发展态势。

## 二、在家门口挣钱——新型农业经营主体

建立紧密的利益联结机制，是稳定脱贫、防止返贫的重要保证。一是建立新型农业经营主体带动贫困户的利益联结机制。通过政策引导，将产业扶持与扶贫相挂钩，鼓励龙头企业、农民合作社、家庭农场等新型农业经营主体，通过土地托管、牲畜托养、土地经营权股份合作等方式，扶持贫困人口就业，带动周边群众稳定脱贫。

◆◆ 故事三

## 黔西县定新乡贫困户家门口喜领工资

2017 年 12 月 4 日，黔西县定新乡堡堡寨村种养殖专业合作社为该村八户贫困户发放务工工资 32100 元，其中张启亮一人就领到了 7500 元。

张启亮拿到工资后激动地说："以前打工得去外地，我和妻子就要分开跑，孩子没人照顾。自从村里办起了养鸡场，在家门口就能打工挣钱，还能照顾老人孩子，好日子来了！"堡堡寨村种养殖专业合作社于 2017 年 9 月成立，合作社以 21.5 万元村资金流转山林、土地修缮圈舍，建设鸡舍六栋、生态散养基地一个，投放 4200 羽本地鸡苗、200 羽乌鸡苗。合作社采取"支部＋合作社＋贫困户"的模式，把土地集中起来发展产业，把贫困

黔西县定新乡堡堡寨村种养殖专业合作社入股社员分红大会

户组织起来参与合作社生产和管理，通过土地流转、入股分红、劳务就业等多种形式带动贫困户增收致富，最大限度发挥了村里的人力资源和自然资源，同时真正激发贫困群众的内生动力，使他们参与进来，不等不靠，通过自身劳动实现脱贫。

自脱贫攻坚以来，定新乡积极创新思路，做好做实产业扶贫文章。立足该乡区域特点，坚持"一村一品、因户施策"的产业扶贫格局，按照"强基地、带农户、促增收"的总体目标，全面加快产业扶贫基地建设，增强企业引领作用，盘活和撬动社会资源，发展和壮大优势产业，吸纳更多的建档立卡贫困户加入合作社，实现在家门口就业增收，进而让贫困户真正实现脱贫不返贫。

## 三、搬得出也稳得住——易地扶贫搬迁点的产业发展

不仅要"搬得出"，更要"稳得住"。易地扶贫搬迁点的群众脱离了原本的生存环境，大多数以务农为主的群众失去了大部分收入，发展易地扶贫搬迁点产业，为农民提供就业机会尤为必要。

◆◆ **故事四** ·············································································

### 中建乡易地扶贫搬迁点鞋厂

2017年，中建乡两个易地扶贫搬迁点建成，搬迁群众234户1041人，完成了搬迁第一步。为了让远离土地的村民能够有钱赚、能致富，中建乡通过与浙江温州七波兔鞋业协商，在中建乡易地扶贫搬迁点建起了鞋制品加工厂，鞋厂就设置在搬迁点一楼，搬迁群众下楼就能上班挣钱，实现了名副其实的家门口就业，目前，鞋厂能够容纳100多人就业，"鞋厂的生产规模还可

以进行扩大，只要
是群众需要，随时
可以引进设备"，鞋
厂负责人杨文义介
绍，该厂是加工厂，
采取的是订单销售，
所以销路不是问题，
这边只负责生产，
在鞋厂上班的工人
普遍工资都在 2500
元以上。同时，黔

黔西县中建乡搬迁群众在鞋厂工作

西县中建乡还投资建造两个旅游景区和一个 500 亩坝区产业基
地，每年为村民提供 200 多个就业岗位，只要消除"等、靠、要"
思想，脱贫致富指日可待。

## 四、扶贫"最后一公里"——就业培训

◆◆ 故事五 ·······························································

### 我们毕业了

2018 年 4 月，新仁苗族乡 60 名贫困群众参加了黔西县人社
局在田坝村举办的贫困劳动力培训班，历时 20 天的培训（开设
了种植、养殖实用技术等课程）由人社局大正家庭职业培训学
校的专业讲师授课。60 名贫困群众在培训中既学到了实用技能，
又解放了思想。培训结束后，新仁苗族乡就业办根据贫困群众的
就业意向进行岗位推荐，有 16 名学员与用工单位签订了就业意

黔西县新仁乡 2018 年贫困劳动力全员培训结业仪式

向书。田坝村开展的培训班是新仁苗族乡进行精准扶贫技能培训（劳动力全员培训）的一个缩影，该乡的东风、群益、小寨、长井、文化、隆兴等村也开展了此类劳动力培训班，以此提高全乡农村劳动者素质，促进劳动力稳定就业和高质量就业。

## 五、家门口的招聘会——招聘场景

◆◆故事六 ..........................................

### 和恒大签约

自脱贫攻坚工作开展以来，为切实提高贫困群众劳动力就业，切实增加贫困群众的经济收入，乡党委、政府高度重视。2018 年 5 月，太来乡邀请恒大集团来乡招聘劳动力就业，把招聘会搬到了贫困群众家门口，让贫困群众足不出户就能找到就业机会。

黔西县太来乡群众在参加恒大就业招聘会

招聘会上，吸引了 7 个贫困村 100 余名贫困群众前来咨询并报名。恒大集团提供了普工、生产工、种植工、饲养员、掘进工等工种岗位，待遇 2000 元至 7000 元，贫困群众本着自愿的原则选择工种岗位，再和恒大集团签约，达成就业意向的就有 40 余人。

据统计，自 2018 年以来，太来乡党委、政府先后联合多家企业为贫困群众提供就业招聘会，积极引导全乡贫困群众前往咨询，为贫困群众提供就业岗位 500 余个。

## 六、田野里的"打工族"——务工场景

◆◆ **故事七**

### 育苗基地的身影

自 2018 年以来，黔西县中坪镇紧扣产业发展"八要素"，抓住就业扶贫关键点，以"党建引领"为抓手，引进毕节市农业

黔西县中坪镇吉丰村村民在刺梨育苗基地务工

投资发展有限公司落户于中坪镇，采取"公司＋支部＋合作社＋农户"发展模式，在吉丰村流转 618.7 亩土地，高质量、高标准、高规格打造刺梨育苗基地。

自基地建设以来，每天都有一群忙碌的身影穿梭在田地间，让基地变得更加活跃。前期，百余名群众每天在技术员的指导下平地、起垄、覆膜、打孔、插苗等，进行刺梨育苗。后期，给刺梨苗喷施营养肥，对刺梨苗进行除草，加以管护。该育苗基地不仅是当地群众务工的好去处，更是助力脱贫攻坚的好基地。从流转土地到务工就业，这个基地实现全村 85 户贫困户就业全覆盖，323 户农户户均增收 8000 元以上，给当地群众带来了实实在在的收益。

## 七、"小车间"助力脱贫"大成效"——扶贫车间

黔西县人社局积极探索就业扶贫模式，通过"工厂下乡、车间到安置点、岗位上门"工作模式，鼓励社会各界企业家到黔西县建设一批种养殖、农产品加工、手工业及制造业等扶贫车间，吸纳当地有转移就业意愿的贫困劳动力和易地搬迁劳动力就业。脱贫攻坚期间，全县共打造"就业扶贫车间"和"就业扶贫基地"29 个，其中市级"先进就业扶贫基地"和"先进就业扶贫车间"12 个，共计吸纳劳动力就业 575 人，其中建档立卡贫困户和易地扶贫搬迁劳动力 299 人。

### ◆◆ 故事八

#### 牧草"变废为宝"

2017 年，大关镇在七里村试种高产牧草成功后，到 2018 年全镇已发展高产牧草种植 6800 亩，覆盖 12 个村（社区），但由于牧草直接销售价格较低，存放时间也较短。为延长牧草的存放期限，提升牧草的附加值。2018 年，大关镇由七里村、民权村两个村级合作社各贷款 200 万元，购买牧草加工设备两套，通过将牧草揉丝包装，让直接销售 350 元/吨的牧草提升到 600 元/吨，推动了牧草产品向商品的跨越，同时大大延长了牧草的储存期限。

加工厂的建设，也增加了务工的需求量，每一套加工设备日产量在 150 吨，仅加工厂三班倒上班工人就达 30 人，人均日工资 150 元以上，让无法外出务工的人在家门口就可以上班领工资，还解决了长期在家的老年人和留守儿童无人照顾的问题。

黔西县大关镇七里村牧草加工车间群众正在加工牧草

## 第三节　易地搬迁　焕发生机

易地扶贫搬迁是贫困人口"挪穷窝、换穷貌、改穷业、拔穷根"的治本之策，是实施精准扶贫、打赢精准脱贫攻坚战的关键举措。黔西抓住国家实施易地扶贫搬迁政策的机遇，对"一方水土养不起一方人"地区的人口实施易地扶贫搬迁。

### 一、搬得出来

坚持"以产定搬、以岗定搬"的原则，2016年全县搬迁有1487户6664人（其中建档立卡贫困户1350户6032人），共建有11个搬迁安置点。2017年采取县城集中安置方式，委托恒大集团帮扶代建锦绣花都安置点，完成搬迁 3827 户 16852 人（其中建档立卡贫困户 3627 户 16016 人），并配齐家具、家电等生活用品，实现拎包入住。2018 年新增易地扶贫搬迁工程惠风花园安置点，搬迁 686 户 2969 人（其中建档立卡贫困户 112 户 459 人）。

◆◆ 故 事 一 ⋯⋯⋯⋯⋯⋯⋯⋯⋯⋯⋯⋯⋯⋯⋯⋯⋯⋯⋯⋯⋯⋯⋯⋯⋯

## 繁花似锦

为确保按时打赢脱贫攻坚战，解决"一方水土养不起一方人"的问题，黔西县于 2017 年 6 月 28 日将地理位置条件好、道路交通设施便利、基本公共服务等条件优越的杜鹃街道牌庄社区五组选定为全县最大的易地扶贫搬迁集中安置点建设地址，并于同年 7 月 28 日开始施工建设。

锦绣花都是黔西县规模最大、安置人口最多的易地扶贫搬迁安置点，小区建筑共 84 栋，其中民居 69 栋、商业楼 14 栋、幼儿园 1 栋，总建筑面积 371894 平方米，集中安置 22 个乡镇 261 个村居 4050 户 17776 人。安置小区配套设施包括医疗卫生室、便民服务中心、就业服务中心、农贸市场、扶贫车间等，为搬迁群众就学、就医、出行、就业提供了全面保障，确保搬迁群众搬得出、稳得住、

黔西县"锦绣花都"建设场景

黔西县锦绣花都套房内部环境

能发展、可致富。为实现搬迁户"搬得出、能入住、不举债"的目标，黔西县锦绣花都实行房屋主体与配套基础设施同步推进，室内装修与室外装修同步实施，对搬迁户入住房屋的地面、墙面、客厅、厨房、水电等施工项目，本着简约经济实用的原则，进行统一风格装修、统一配备家具，切实为搬迁户节约了装修成本，有效避免了因装修入住导致搬迁户举债。据了解，除装修配备家具外，还为搬迁户购买了电视机、电磁炉、电饭锅等家用电器，在他们搬迁入住时还要发放米油等生活物资，真正实现拎包入住。

◆◆ 故事二 ··········································

## 绝壁上的"天路"

2018年7月11日，对于乌江支流六冲河岸边贵州省黔西县金兰镇瓦房村绝壁下的哈冲苗寨来说又是一个大喜日子，哈冲组第二批搬迁苗胞将和其他乡镇3000余户精准扶贫户一道搬出大山、融入城市、开启新生活。

哈冲苗寨前临峡谷大河、背靠悬崖峭壁，10多栋茅草房零星散落在几乎与世隔绝的峡谷里，唯有一条挂在绝壁上的"天路"进出，村民们祖祖辈辈靠耕种贫瘠土地过着封闭、贫穷的日子。

哈冲苗寨被国家纳入 2017 年易地扶贫搬迁项目实施整寨搬迁，第二期 12 户苗胞与首期搬迁的 3 户一起入住县城锦绣花都安置点。村民赵刚永夫妇很早就起来收拾行囊，在政府的组织下和乡亲们一起有序翻越崖壁走出大山。

据了解，"十三五"期间，黔西县计划易地扶贫搬迁安置 5317 户 23516 人，其中由恒大集团帮扶代建的锦绣花都安置点拟搬迁 3827 户 16852 人。赵刚永说政府帮助每家至少解决一个人就业，自己也积极参加县里镇里组织的劳动就业技能培训，在县城找份工作应该没问题，他坚信国家的好政策会让搬迁户的日子越过越好。像金兰镇哈冲苗寨这样生存环境恶劣，需要实施整寨搬迁的村寨，黔西县共有 156 个，涉及 1572 户 6839 人。

黔西县金兰镇瓦房村哈冲苗寨苗胞们翻越崖壁搬家

该县已完成 103 个村寨 843 户 3776 人整寨搬迁，全部实现一户一人以上就近稳定就业，剩余村寨群众已在 2018 年 6 月底全部搬迁完毕。

黔西县金兰镇瓦房村哈冲苗寨苗胞们翻越崖壁后坐上政府安排的客车

## 二、住得安稳

锦绣花都易地搬迁点本着改"输血式"扶贫为"造血式"扶贫的宗旨，建设就业扶贫职业技能培训中心，开设各种各样的技能培训，实行点单式培训，即群众想要学习什么技术，培训中心就组织什么技术培训，并邀请有资质、有经验的培训机构和老师；为了使群众切实从培训中学到知识真正就业，在培训开始时办事处就和培训机构签下合同，培训后就业人数必须达到培训人数的30%才能交付培训费用，这样使机构有压力、群众有信心，不但提高了资金使用效率，也为群众脱贫致富打下强心针。服务中心对组织输出的劳动力进行跟踪调查服务，为他们宣传就业政策，同时也为吸纳贫困劳动力的企业进行政策支持和指导。目前这里共组织培训了720余人，实际稳定就业人数达210余人，为200余户"造"出致富希望。

另外，黔西县锦绣街道始终坚持以人民为中心的发展思想，以打造"法治锦绣·平安花都"为目标，探索党建引领、人民主体、社会参与、"三治"（自治、法治、德治）融合、"四化"（网格化建设、精细化治理、优质化服务、多元化宣传）并举、"零距离"服务群众的社会治理新路径，让每一位居民都成为网格里的幸福"网民"。

为高效率推进智慧小区服务建设，在公共法律服务中心大厅内安装涵盖法律咨询、材料共享、文书服务等功能的12348法律服务智能机器人，及时高效地为

黔西县锦绣花都就业扶贫职业技能培训中心

搬迁群众提供 12 项日常生活法律服务。建成云视讯远程视频督查暨人民调解信息系统，多功能人民调解室与县人民调解中心互联互通实现远程视频调解。建立法律服务工作微信群，利用新媒体平台开展法治宣传，保障社区干部、

黔西县锦绣花都法治体系建设编织法治惠民工程网

人民调解员和司法所工作人员及时回答群众咨询的法律问题，切实为群众提供便捷、高效的法律服务。

# 第四节　生态补偿　文明发展

习近平同志指出，"保护生态环境就是保护生产力、改善生态环境就是发展生产力"，"良好生态环境是最公平的公共产品，是最普惠的民生福祉"，"生态兴则文明兴，生态衰则文明衰"[①]；2018 年中央一号文件再次强调推进乡村绿色发展，打造人与自然和谐共生发展新格局，统筹山水林田湖草系统治理、加强农村突出环境问题综合治理。坚持生态保护优先，全面实现农业农村绿色发展，推进农村生态文明全面进步，促进人与自然和谐共生，建设一个山清水秀、环境优美、生态宜居的黔西美丽新乡村，实现生态宜居和农村生态现代化。

---

① 中共中央文献研究室编：《习近平关于社会主义生态文明建设论述摘编》，中央文献出版社 2017 年版，第 23、4、6 页。

## 一、生态保护

近年来，黔西县铁石乡牢固树立"既要金山银山，也要绿水青山"的理念，坚守发展和生态两条底线，紧紧围绕"生态建设"这一主题，瞄准"生态文明"，在山、水、林、田、路、树上做文章，留住了青山，保住了绿水。

### ◆◆ 故事一

### 守护古树林

黔西县铁石乡安乐场村是一个相对边远的少数民族村寨，村里有一片郁郁葱葱的树林，至今已有上千年的历史，其中不少树木为国家级保护植物，价值不菲。

黔西县铁石乡对古树和山林进行挂牌管理

现年70多岁的老村支书李之亮说："20年前，这个寨子不通电，河对面的清镇发电厂说，只要我们拿两棵古树给他们，就免费给我们寨子送电，但我们村老百姓不同意，宁愿放弃早日通电带来的便利，也不乱砍滥伐村里的一草一木，就这样，安乐场村群众将那片上千年的古树林守护了一代又一代，一直将树保留到今天。"

为了更好地保护这片古树林，铁石乡对一些相对名贵、年代久远的古树和山林进行了挂牌管理，聘请了生态文明义务监督员对古树林进行监护，让许多上千年的古树有了自己的"身份证"和"监护人"，把青山绿水留在黔西大地。

## 二、生态修复

◆◆ 故事二 ·················································

### 石漠化村庄闯出生态富民路

地处贵州省毕节市黔西县素朴镇六广河峡谷西岸的古胜村，十多年前石漠化严重，是国家一类贫困村。

黔西县素朴镇古胜村退耕还林前原貌

黔西县素朴镇古胜村果农喜笑颜开摘果子

2006 年，古胜村按照"高海拔自然恢复、中海拔退耕还林、低海拔种经果林"的思路，实施生态修复与农业结构调整相结合的植树造林工程。13 年来，全村累计退耕还林、石漠化治理、生态自然恢复面积达 7148 亩；在低海拔贫瘠的石旮旯地里种植了 3100 亩樱桃、枇杷、金钱橘等经果林。如今，古胜村森林植被从实施前的不足 12% 增长到现在的 89.68%，人均纯收入从实施当年的 1500 元增长到 2020 年的 11000 元，全村 574 户家家吃上"生态饭"，户户挣到"绿色钱"。

## 三、监护人

◆◆故 事 三 ··············································

### 森林防火墙

3 月 2 日傍晚，人们都在欢庆元宵节，巡护了一天山林的黔西县洪水镇长堰社区生态护林员赵光朋一家才拖着疲惫的身子下山。

"这几天上坟祭祀，森林防火特别压头，我家全部出动，从早到晚协助镇、村干部把守住重要路口，不让一个人带火进山。"赵光朋边做巡护记录边说。每年元宵节前后几天，人们都要上坟祭祀，政府虽大力倡导文明祭祀，严禁进山焚香烧纸，但还是会有极个别人心存侥幸，生态护林员不得不严防死守筑牢森林防火墙。

黔西县洪水镇长堰社区生态护林员在林间巡护

52 岁的贫困户赵光朋家主要是因病因学致贫。老伴长期生病丧失劳动力，两个娃娃读高中一年要万把块钱，平时仅靠打点零工和向亲戚借点钱勉强维持。

2016 年年初，黔西县林业局开展建档立卡贫困人口生态护林员选聘工作，通过张贴公告、自愿报名、审核、公示等选聘程序，赵光朋被选聘为村里的生态护林员，一家人吃上了稳定的生态护林饭。

自 2016 年以来，为落实大扶贫战略行动，坚决打赢脱贫攻坚战，黔西县结合森林资源分布状况，严格程序开展生态护林员选聘工作。选聘对象为政治素质好、

黔西县洪水镇长堰社区护林员测量树干

黔西县洪水镇长堰社区护林员检查灭火器

责任心强、身体健康、年龄在 18 岁至 60 岁之间、能胜任野外巡护工作的建档立卡贫困户，每户安排一人就业，补助标准为每人每年 9600元，年终奖励 400 元。据悉，该县建立健全了"县建、乡聘、站管、村用"的生态护林员管理制度，一年一聘，择优选聘。通过前后三个批次的选聘，目前全县 25 个乡镇、四个街道办事处以及三个国有林场共选聘了 590 名生态护林员，既充实了森林资源管护队伍，有效保护了生态环境，又解决了农村贫困家庭人员就业，稳定增加了贫困家庭收入。

## 第五节　教育扶贫　育人扶志

黔西县精准推进教育扶贫，坚持"核心义务教育，重点建档立卡户"控辍保学观，严格按照"五有一覆盖"的工作要求和方法，深入村村户户，以不漏一户、不落一人的要求，落实劝返责任，扎实开展控辍保学工作。积极构建县申报、乡镇（街道）统筹、学校和村（居）委会协同包村、贫困户配合、教师个人包户等共同服务学生的"六位一体"履职体系，全面落实各项学生资助政策，实现所有贫困家庭学生应助尽助、应贷尽贷。在国家第三方评估中，黔西县以"零辍学"的成绩实现教育保障目标，助力全县脱贫攻坚。

## 一、新起点——改善办学条件

◆◆ 故事一 ·······························································

### 搬出大山的第一堂课

2018 年 5 月 7 日上午，杨绍书老师和他的几名小学生仅用了 10 多分钟，就从黔西县锦绣花都安置点步行到达县第十小学，

这是杨老师的新单位，也是孩子们的新校园。

黔西县锦绣花都安置点孩子们搬出大山后前往新学校的路上

第一堂课，杨老师结合自己的生活、工作经历，饱含深情地给学生们讲了哈冲苗族同胞的"新起点、新征程、新生活"。

杨绍书原来是黔西县金兰镇华山小学编外民办教师，老杨的老家哈冲组在六冲河岸边的绝壁下，前临峡谷大河，背抵悬崖峭壁，10 多栋茅屋零星散落在几乎与世隔绝

杨绍书给孩子们上课

孩子们在新学校第一次参加升旗仪式

的深山峡谷里，唯有一条挂在绝壁上的"天路"进出，16 户 68 名苗族同胞耕种着八十来亩油沙地，靠种玉米、生姜为生。

1977 年秋，寨子里七户人家的七个娃娃到了读书年龄却被悬崖阻挡，17 岁的杨绍书在政府的支持下，利用自家茅草房办起了一个"识字班"，绝壁下的哈冲苗寨破天荒地响起了读书声，就这样，每年靠领七八百斤苞谷当工资的杨绍书在崖壁下教了五年。

1987 年，为了照顾更多孩子读书，乡里在岩头上的华岗二组租用民房办了一所学校，由于师资紧缺，杨绍书离开自家草屋来到新的教学点，崖壁上两千米长的"天路"成了当地苗族同胞代代子女最艰难、最危险的求学路。10 年后，政府在铧口岩下新建了华山小学，老杨和孩子们的家离学校更远了，两千米崖壁求学路，老杨整整守护了 31 年。

值得庆幸的是，在国家易地扶贫搬迁政策的帮助下，杨绍书和苗族同胞们搬进了锦绣花都安置点，这个安置点计划安置 3096 户贫困户，老杨一家和其他 738 户首批入住。因为党的好政策，让他和乡亲们走出大山，成了城里人，孩子们也不再爬崖壁求学了。

老杨饱含深情地说，他最大的心愿就是祝愿乡亲们的日子越过越好，希望哈冲苗寨的孩子们在这里接受更好的教育，将来多出几个大学生，心怀感恩，多为国家作贡献。

## 二、特殊关爱——精准扶贫

对于留守儿童等更需要关爱的孩子，黔西县也做到了"精准"。

◆◆ 故事二 ························································

### 温暖的生日

2019 年 10 月 24 日，黔西县特殊教育学校给 16 名留守儿童集体过生日，让孩子们感受学校大家庭的温暖。

活动中，该校教师陪留守儿童一起玩游戏，并进行交通、饮食卫生、消防、防溺水、防爆、防拐等安全教育。还给留守儿童分生日蛋糕，孩子们非常开心，许下美好的愿望。点蜡烛、切蛋糕，和父母一起过生日，对于大多数孩子来说是再平常不过的事了，但对于父母不在身边的孩子们来说，却是一种难得的幸福。

"爸爸妈妈，有老师陪伴我们，学校就像'家'一样，我们在学校里过得很快乐！"留守儿童胡燕在日记本里这样写道。

据悉，该校建立了阳光儿童之家，定期开展丰富多彩的关爱活动，让孩子们真真切切地感受到了学校大家庭的温暖。

黔西县特殊教育学校的孩子们集体过生日

## 三、内外兼修——教师队伍素质提升

◆◆ 故事三

### 让教育智慧升华

有一个好班主任，就有一个好班级。为从整体上提高全县小学班主任队伍的素质和班级管理水平，更好地促进全县基础教育改革发展，黔西县教育局组织开展"做智慧型班主任"专题培训。

2017年8月26日，全县各乡镇中心完全小学、县直属小学遴选的班主任100余人，齐聚黔西县第一小学享受班主任的精神大餐。在开班仪式上，黔西县教育局局长蒋刘恩做讲话，对广大教师提出殷切希望。来自贵阳市师范学校附属实验小学的三位专家从心理、德育等方面对班主任工作进行科学分析，告诉大家作为班主任该如何科学有效地开展工作，如何做快乐、幸福的班主任。

黔西县2017年小学班主任培训开班仪式现场

培训结束，参训教师收获满满，纷纷表示感谢这次培训，今后一定在自己班主任事业的田野上更加勤奋地播种耕耘。

◆◆ 故事四 ·····················································

## 以爱传爱，让爱回家

为进一步改善黔西县乡村留守儿童、城市流动儿童的亲情缺失和家庭教育缺位现状，为乡村儿童的家长及教师提供家庭教育与心理护理的专业支持，协助乡村孩子在温暖的家庭和快乐的学校里健康成长，黔西县教育局联合深圳市幸福家庭研究院于2018 年 7 月 24 日至 30 日在黔西县第七小学举办心理护理种子师资培训，全县 64 名教师参加了本次培训。

培训通过积极心态、个体心理护理、积极班会等模块练习，教会教师如何认识情绪、感知情绪和管理情绪，如何与学生进行

贵州省毕节市黔西县心理护理种子师资研习营

有效沟通，掌握积极班会的带领技巧等，提升了学校教师在留守儿童工作中的心理引导实操能力，普及了心理健康教育知识，为学校培养了一批在心理健康及引导方面，可以独立进行咨询、授课和进行二次培训的专（兼）职心理健康老师。

◆◆ **故事五** ⋯⋯⋯⋯⋯⋯⋯⋯⋯⋯⋯⋯⋯⋯⋯⋯⋯⋯⋯⋯⋯⋯⋯⋯⋯

## 对口帮扶，送教进校

2018 年 4 月 16 日至 19 日，广州市花都区教育局赴黔西县开展教育对口帮扶系列活动，包括名师"送教进校"活动、大课间和学校管理交流活动、行政管理干部到黔西县挂职等。

4 月 18 日，广州市花都区名师"送教进校"活动在黔西县第四小学举行，花都区培训专家刘丽琼执教苏教版三年级数学下册《分数的初步认识（二）》示范课，黔西学员侯淑梅老师进行同课

广州市花都区教育局赴黔西县"送教进校"活动现场

异构展示。来自全县的小学数学教师代表参加听课。课后，还进行了学员说课、专家点评、专家说课自评及学员代表点评活动。

此次活动的开展，促进了黔西县中小学教育教学管理水平和教师专业能力的提升，促进了"两地花都"教师的交流。

# 四、把孩子留在校园——控辍保学

◆◆ 故事六 ·······························································

## 第六次走访

2018 年 3 月，又到了忙碌的开学季，学校的老师们一边忙于手中的工作，一边对排查未到校的孩子进行走访劝返。已经开学第二周了，通过五次劝返答应返校的钟山镇箐山社区祝丰二组彭德志家就读七年级的孩子彭良胜迟迟未到校就读。忧心如焚的包保教师赵老师在学校领导的配合下又一次来到了彭良胜同学的家，这已经是赵老师的第 6 次走访了。在赵老师及学校领导的又

一次耐心的沟通和劝导下，彭良胜同学终于回到了生机勃勃的校园。

谈及过去的劝返历程，赵老师有笑有泪。开始的时候孩子躲避，家长不配合。后来遇到过孩子两次，与孩

赵老师和校领导走访彭良胜家

子静心沟通，聊人生、聊理想、聊孩子的兴趣爱好、聊自己在贫寒的家境中艰苦读书的故事……每一次走访完踩着崎岖的山路回到宿舍时都已经是夜幕降临了。赵老师一路走来，虽然牺牲了很多休息时间，但看着孩子重返校园，他心里是满满的获得感。

# 第六节　社会保障　联手支持

## 一、社会救助——金融扶贫

◆◆ 故 事 一 ·······································

### 精准扶贫企业社区齐联手

捐赠仪式现场

在精准扶贫工作中，水西街道向辖区企业提出捐赠资金参与扶贫的倡议得到大家的支持。

在集中捐赠仪式上，贵州周昌盛汽车销售服务有限公司、黔西黔鑫汽车销售责任有限公司、黔西鑫茂钢材贸易有限公司、黔西县黔源再生资源回收厂、黔西县华腾汽修中心、黔西雷霆汽车管家、毕节精神病康复医院黔西分院、黔西金诚汽车贸易有限公司、黔西林枫汽车贸易有限公司等企业共捐赠 28000 元。企业代表还做了发言，认为一个企业在发展的同时，还要有责任、有义务帮助企业周边贫困的乡亲，为黔西的扶贫事业贡献自己的绵薄之力，为父老乡亲们办点实实在在的事情。

## 二、医疗服务——健康扶贫

自进入脱贫攻坚决战决胜冲刺阶段以来，黔西县中医院响应县委县政府"健康扶贫"的号召，组织医务人员开展健康扶贫巡诊义诊活动，互动遍及村寨 34 个，共接诊患者 3178 人，切实减轻了贫困群众的看病就医负担，在健康扶贫义诊活动中发生着一幕幕令人感动的故事。

### ◆◆故事二

### 刘奶奶的核桃

2017 年 12 月 2 日，阴雨绵绵，寒气袭人，室外温度接近零摄氏度，在永燊乡健康扶贫巡诊义诊活动现场，前来就诊的人群中有一位特殊的村民，她就是刘奶奶。她听说今天是毕节市名中医颜君带领医务人员来乡里义诊，早早就来到义诊现场。刘奶奶见到颜医生时，手忙脚乱地从布口袋里掏出一捧核桃，塞在颜医生手中说道："医生，我家穷看不起病，这点自己种的核桃你收下，你帮我看看我这脚，现在痛得走不了路，活也干不了。"

颜医生对刘奶奶说："老人家，您不要这么客气，这些都是

黔西县永燊乡健康扶贫巡诊义诊活动现场

黔西县中医院义诊医疗队义诊回访合影

我们应该做的，不收钱。来，您坐这里，我来帮您看看。"颜医生在给刘奶奶检查完后，发现她得的是痛风，同时患有心脑血管疾病，血压偏高，颜医生给她进行了针灸治疗缓解疼痛，同时开具中药，叮嘱她按时服用，并留下了她的地址。

一个月后，颜医生带着黔西县中医院义诊医疗队来到刘奶奶家，问道："老人家，现在情况如何？"刘奶奶高兴地说："好多了，好多了，快快快，进屋里坐。你们太好了，免费给我看病不说，还送药上门给我，一分钱都不要，真不知怎么感谢你们，如果没有你们，我的脚现在还是肿的，如今走路轻便多了。"看着刘奶奶现在走路的样子，听到老人质朴的话语，大家心里暖洋洋的。临走时，大家在义诊活动现场愉快地合影留念，留下了义诊回访美好的瞬间。

# 第3章

## 历史跨越：脱贫攻坚
## 的伟大成效

党的十八大以来，以习近平同志为核心的党中央全面打响脱贫攻坚战。过去5年，同全国其他贫困地区一起，黔西充分把握机遇，发挥优势，将各种积极因素综合起来构筑了全社会扶贫的强大合力，以前所未有的力度推进脱贫攻坚，农村贫困人口显著减少，贫困发生率持续下降，农民生产、生活条件显著改善，贫困群众获得感显著增强，脱贫致富获得历史性跨越。将该县脱贫攻坚取得伟大成效的主要做法进行凝练，形成了"内外兼修，推拉联动"的黔西模式。该模式为如期全面打赢脱贫攻坚战、如期全面建成小康社会作出重大贡献。为中国和全球的减贫事业贡献了力量，谱写了人类反贫困史上的辉煌篇章。

黔西县锦绣花都易地扶贫搬迁安置点房屋错落有致

脱贫攻坚期间，黔西县实施易地扶贫搬迁工程，将贫困地区的群众搬出大山，集中建房安置、配套产业，让群众搬得出、稳得住、能就业、可致富，目前，全县共搬迁群众近万户6万余人。

黔西县新仁乡乌江源百里画廊景区

黔西到贵阳的高速公路控制性大桥——鸭池河大桥

黔西县高速路石板枢纽互通

成贵快速铁路黔西县高铁站

黔西雨朵扯泥村民居

# 第一节　群众基本生活"有保障"

习近平同志强调，"到 2020 年稳定实现农村贫困人口不愁吃、不愁穿，义务教育、基本医疗、住房安全有保障，是贫困人口脱贫的基本要求和核心指标，直接关系攻坚战质量。"① 黔西县各地区各部门精准施策，扎实推进，"两不愁三保障"突出问题基本解决。

## 一、吃饭穿衣问题已经解决

回忆往昔，黔西"一方水土养不起一方人"，群众吃不饱、穿不

---

① 《习近平谈治国理政》第三卷，外文出版社 2020 年版，第 159 页。

黔西县洪水镇长堰村出售第一批花卉后老百姓在领款

暖问题极为普遍。经过多年的扶贫开发和脱贫攻坚，经济收入大幅增长，生活发生了翻天覆地的变化。

◆◆ 故 事 一 ┈┈┈┈┈┈┈┈┈┈┈┈┈┈┈┈┈┈┈┈┈┈┈┈┈┈┈┈┈┈┈

## 玉米改花卉，腰包鼓起来

近年来，在黔西县人民政府和恒大集团的大力支持下，在洪水镇长堰社区援建大棚400余个，长堰社区实施产业结构调整，告别了低效玉米的种植，由经营主体承包土地建造大棚栽种非洲菊。农民每年不仅可以拿到一笔可观的土地流转费，而且还能通过在大棚里务工获取一定的务工费。这比曾经的低效玉米收入高出了许多，农民高高兴兴地拿着钞票，做事有奔头。农民的腰包鼓起来了，人均收入提高了，人们过上了幼有所养、老有所依的幸福生活。

◆◆ 故事二 ⋯⋯⋯⋯⋯⋯⋯⋯⋯⋯⋯⋯⋯⋯⋯⋯⋯⋯⋯⋯⋯⋯⋯⋯⋯⋯⋯⋯⋯⋯

## 重新镇"黄金叶"托起"小康梦"

重新镇将烤烟种植作为全镇的支柱产业来抓，以科学方法推进全镇烤烟产业健康发展，以先进技术引领烟叶生产高质量发展，以标准化生产为手段，着力打造重新镇优质特色烟叶出精品，不断增加农民收入，促农致富奔小康。2020年全镇烤烟生产喜获丰收，种植烤烟两万亩，收购烟叶5.5万担，中上等烟叶达80%以上，担烟均价1481元，亩产增值20%，全镇烤烟生产总值达7000万元，烟农户均增收8万余元。"烟叶"变成了"金叶"，撑鼓了重新人的"钱袋"，通过发展烤烟生产，托起烟农致富的梦，让百姓得到真正的实惠。

黔西县重新镇"黄金叶"托起小康梦

◆◆ 故事三 ·······························································

## 红米种出红日子

金秋时节，稻谷飘香，贵州省毕节市黔西县洪水镇解放村田野机声隆隆，农民热火朝天收割特色红谷水稻。

解放村红米种植历史悠久，据历史记载，清乾隆年间，当地红米曾作为贡品进贡朝廷。为培育、打造优势致富产业，2016年，贵州省农科院在解放村推广 100 亩优质红米种植，试验完全颠覆传统耕种方法，有效提升了红米的质量和产量。今年，该村300 亩红谷又获得大丰收，村水稻种植专业合作社新添置了收割机，稻农抢抓晴好天气，全村 1500 亩无公害水稻仅用一周就收割完毕，农民又收获了一个满满的金秋。

黔西县洪水镇解放村种植的水稻获得大丰收

黔西县洪水镇解放村农民将装满水稻的袋子扎紧装车

在村民代远富家的院子里特别能感受到浓浓的丰收气息，院坝里堆满晾晒的红谷，楼上的三个粮仓也装得满满的，楼下堂屋和偏房也整齐堆放着近100口袋红谷，目之所及到处是"金玉"满堂。据老代介绍，现在红米散装价每斤10元左右，仅红谷他家2018年估计能收入5万多元。

洪水镇良田宽广、土地肥沃、水源丰富，属省无公害水稻标准化种植示范区，生产的大米获农业部无公害农产品认证。2018年年初，该镇9个有水田的村（社区）积极动员农户特别是建档立卡贫困户加入水稻种植专业合作社，采取"党支部＋合作社＋农户"模式，合作社无偿提供良种和技术指导，采取"集中＋分散"种植模式，零利润引导368户农户（其中建档立卡贫困户102户）种植了500亩红谷，粗略估计2018年年产量达30万公斤，产值近300万元。

为提高产品附加值、增加农民收入，解放村合作社还注册了产品商标，购进加工和包装设备。特色红米销售主要有三个渠道，一是依托柳岸水乡旅游景区针对游客零售，二是通过农村电商平台走货，三是针对中高档消费群体推出了礼品红米进入县内超市。由于该合作社经常参加各地农特产品展销活动，还通过微信朋友圈、微信公众平台等多渠道大力宣传，使当地无公害红米销售火热。

## 二、住有所居愿望全面实现

### （一）易地搬迁，重焕生机

黔西县抓住国家实施易地扶贫搬迁政策的机遇，坚持"以产定搬、以岗定搬"的原则，对"一方水土养不起一方人"地区的人口实施易地扶贫搬迁。2016 年，全县搬迁 1487 户 6664 人（其中建档立卡贫困户 1350 户 6032 人），建有 11 个搬迁安置点。2017 年，采取县城集中安置方式，委托恒大集团帮扶代建锦绣花都安置点，完成搬迁 3827 户 16852 人（其中建档立卡贫困户 3627 户 16016 人）。2018 年，新增易地扶贫搬迁工程惠风花园安置点，搬迁 686 户 2969 人（其中建档立卡贫困户 112 户 459 人），安置房全部修建为 6 层步梯房，总用地面积 62571 平方米，安置房面积 61772.63 平方米，已全部搬迁入住。

### （二）危房改造，补齐短板

黔西县以脱贫攻坚为首要政治任务，着力做好以农房危改为主的住房保障工作。通过"分类统计、同步实施、统筹推进"的工作模式，对于符合农村危房改造条件的对象，由县财政垫资提前安排实施，并配套完成"三改"5126 户；对于农村危房改造政策不能覆盖的建档立卡贫困户，参照农村危房改造政策和补助标准实施贫困户安全住房建设 1861 户；对存在跑风漏雨、门窗破损等情况的旧房大力开展旧房整治，共整治旧房 11520 户。在大力实施住房保障项目的同时，积极指导危旧房拆除工作，2018 年共拆除旧房 3313 户，彻底消除安全隐患，有效改善农村群众生产生活环境，确保农村危旧房屋应改尽改、应整尽整、应拆尽拆。

在县委县政府的坚强领导下，在各级各部门及社会各界的关心关怀下，锦绣街道始终坚持以人民为中心的发展思想，以打造"法治锦绣·平安花都"为目标，探索党建引领、人民主体、社会参与、"三

黔西县易地扶贫搬迁安置点——锦绣花都

治"（自治、法治、德治）融合、"四化"（网格化建设、精细化治理、优质化服务、多元化宣传）并举、服务群众"零距离"的社会治理新路径，让每一位居民都成为网格里的幸福"网民"，全力做好易地扶贫搬迁"后半篇文章"，确保搬迁群众"搬得来、稳得住、能脱贫、可致富"。

◆◆ 故事四

## 搬得出、稳得住、能致富

化屋村箐口安置点项目属于贵州省2016年易地扶贫搬迁工程第一批项目，占地面积22050平方米，总投资2000万元。安置点建房34栋共计3849.74平方米，其中为两人户型2户，3人户型7户，4人户型12户，5人户型4户，6人户型6户，7人户型 1 户，8 人户型 1 户，10 人户型 1 户，搬迁户中有 33 户来自化屋村，1 户来自长井村组，共 34 户 154 人。箐口安置点工程实施方案批复文件、选址意见书、建设用地规划许可证、地质灾害评估、建设工程规划许可证、环保评估报告、施工设计图等工程手续办理齐备。为写好搬迁"后半篇文章"，确保农户"搬得出、稳得住、能致富"，2016 年整合财政扶贫资金为实施到户养殖项目，搬迁对象每户增养乌鸡 200 羽、能繁母牛 1 头，2017 年整合民建、统战资金修建蔬菜花卉大棚、旅游小商铺等配套设施。

绿化乡马坎村易地扶贫搬迁安置点建设于 2016 年 3 月 10 日，占地面积 15.94 亩，共修建建筑面积 11597 平方米，其中住宅面积 10000 平方米，人均住房面积 21.8 平方米。配套建设了社区综合服务中心 1 个、中心设置卫生室 1 个、图书室 1 个，综合超市 1 个、警务室 1 个、群团志愿者服务站 1 个。小区环境优美，

黔西县新仁乡易地扶贫搬迁安置点在晚霞中焕发出生机

黔西县绿化乡易地扶贫搬迁安置点坐落在山中绿树间

2009 年黔西县协和镇海坝苗寨实施危房改造后的新貌

干净整洁，绿树成荫，花草满园，周围群山环抱，内设休闲区域，是搬迁群众饭后闲暇的好去处。在基础设施建设的基础上，建立了青年夜校，经常组织群众开展丰富多彩的文化活动，丰富了小区群众的精神文化生活。

贵州省毕节市黔西县协和镇杨柳社区海坝苗寨，距离镇政府所在地2.5公里，居住着34户120人苗族同胞，在2009年实

王克军一家以前居住的老房子

搬入新家，王克军一家人开启幸福快乐的生活

施危房改造前，他们仍居住着新中国成立前老辈人用山茅草、玉米秆、小麦秆盖顶的土坯房；2009年6月，政府投入138.5万元对整个苗寨实施整寨危房改造，共改造34户28栋，受益人口120人；项目实施历时6个月，28栋新农村民居拔地而起，旧貌换新颜，当年腊月，34户苗胞喜迁新居。春节期间苗族同胞载歌载舞，喜迎新春。苗胞王朝文在新居贴了一副自写春联："危房改造旧貌换新颜，共产党是苗胞贴心人。横批：幸福长久"。

## 三、义务教育得到充分保障

黔西县以"七长"负责制为责任主线，落实教育线"保学"和行政线"控辍"的"双线"承包责任制，构建以"学籍线"（就读学校）为控辍主体和"户籍线"（户籍地教育管理中心）为监测主体的"两线"控辍保学监控体系；坚持"核心义务教育，重点建档立卡户"控辍保学观，严格按照"五有一覆盖"的工作要求和方法，深入村村户户，以不漏一户、不落一人的要求，落实劝返责任，扎实开展控辍保学工作。在国家第三方评估中，以"零辍学"的成绩实现教育保障目标。

◆◆ **故事五** ·····························

### 坪子小学蝶变

黔西县莲城街道办事处坪子小学，原为一所薄弱的村级教学点——泥巴地操场、没有围墙、简易的教学楼……很难想象坪子小学过去的景象。扶贫先扶智，在县委县政府的高度重视下，坪子小学发生了蝶变。2017 年 9 月，占地近 10000 平方米的新校园投入使用，孩子们走进了美丽的新校园，告别了"老、破、旧"的艰苦学习环境。

背靠青山，毗邻翡翠湖，穿梭的汽车在不远处的高速公路上飞驰而过……美丽乡村和崭新学校融为一体，构成了一幅小康新画卷。

2018 年 6 月 1 日，黔西县坪子小学师生迎来了进入新校园的首个"六·一"国际儿童节。这一天对于坪子小学的师生和坪子群众来说是刻骨铭心的一天。这是进入新校园里的第一个儿童节。孩子们展示了自己精心准备的节目，用自己的方式向国旗敬礼，向祖国致敬，展望美好未来。

黔西县坪子小学航拍远景

◆◆ **故事六** ········································

## 锦星一小——全国教育系统先进集体

黔西县锦星镇第一小学原名新街小学，过去属民办小规模村级学校，办学条件十分艰苦。

20世纪80年代以前，锦星镇第一小学每班只有20多个学生，教室简陋，班级设备老旧。

现在，群山环抱之中的锦星一小风景如画，体育设施一应俱全；独特的"毓德农耕体验园"摆满传统的农耕农具；"共青团农业实践园"瓜甜果香，花香四溢；蓝天下的食堂——"悯农堂"，让人感受到的是"结庐在人境，而无车马喧"的"农家"的静谧和幸福快乐；秀美的假山瀑布组成的"明博园"、蜿蜒曲折的乡土文化长廊、美丽的"廉亭"诗文辞赋、名人传记、剪纸作品精彩纷呈，令人目不暇接。

黔西县锦星一小

2019 年 9 月，中华人民共和国人力资源和社会保障部、教育部授予黔西县锦星镇第一小学"全国教育系统先进集体"荣誉称号。

## 四、病无所医得到普遍解决

◆◆ 故事七

### 不断探索发展中的钟山医院

黔西县钟山医院是一家集医疗、教学、公共卫生、妇幼保健于一体，在贵州省乡镇卫生院中，是首家拥有 CT、层流手术室、重症医学科的二级综合医院。

黔西县钟山医院

在黔西县脱贫攻坚战中，钟山医院积极参与，努力作为。进村入户为 4 个乡镇（钟山、铁石、太来、观音洞）的 47 个行政村百姓送医、送药、送检查，服务百姓达 100542 人次；为贫困乡镇帮助扶贫资金（现金＋物资）及检查、药品、治疗费用共计 470 余万元。

在医共体建设工作中，钟山医院无条件接受局党委安排，率先试行组建东片区医共体，通过 10 个月的努力，完成了 9 个卫生院的医共体入驻工作，每个卫生院无论是员工的精、气、神，院容、院貌、管理水平，还是医疗服务能力，均发生了翻天覆地的变化，为减少黔西县东片区百姓"因贫致病，因病返贫"打下坚实的基础。

# 第二节 基础设施建设"成体系"

习近平同志曾说，"消除贫困、改善民生、逐步实现共同富裕，是社会主义的本质要求，是我们党的重要使命"[①]。基础设施的建设是最基本的民生保障。黔西县从交通设施、水利设施、医疗基础设施三方面同时发力，保证区域内的基础设施建设体系化发展。

黔西始终坚持"要想富，先修路""路通百业通"的交通发展理念，围绕打通群众出行"最后一公里"，在 2016 年实现 100%建制村通水泥路、100%建制村通客运的"双百"目标，2017 年实现 100%村与村之间通水泥路，2018 年实现 100%组组通公路的既定目标，实现日常管养全覆盖，每百平方千米超过 158.8 千米等级公路建设，名列全省前茅，坚持"建养并重"，大力推进农村公路管理养护体制改革，农村公路全部纳入常态化管理，好路率达 95%以上。结合"五高一铁"的交通枢纽，逐渐构建以县城为中心、辐射 29 个乡镇（街道）的半小时经济圈，惠及人口约 94.86 万人。充分发挥交通在脱贫攻坚中的先导性、基础性作用，让方便快捷的交通有效满足广大农村群众出行需求。

◆◆ 故 事 一 ......................................

## 黔西县最大的高速枢纽互通——石板枢纽互通

石板枢纽互通设置于黔西县莲城街道石板社区，是黔西县最大的枢纽互通。互通北接黔西至大方高速，南接贵阳至黔西高

---

[①] 中共中央宣传部编：《习近平总书记系列重要讲话读本（2016 年版）》，学习出版社、人民出版社 2016 年版，第 219 页。

速，东接息烽至黔西高速，西接黔西至织金高速，用于贵阳、大方、织金、息烽、金沙方向的交通量转换。

黔西县高速路石板枢纽互通

贵黔高速鸭池河大桥

贵阳至黔西、黔西至大方、黔西至织金、息烽至黔西四条高速公路在石板枢纽互通中呈十字形交汇，加上息烽至黔西高速公路从韩家店引入的白黔高速公路，五条高速公路像一只巨大的拳头将外界力量在黔西聚集，又像一个巨大的五角星将黔西的光芒向外界不断辐射。五指握拳成枢纽，五星光芒促跨越。五条高速公路的汇聚，使黔西成了毕节东部的一个重要交通枢纽。

◆◆ 故事二 ·····················································

## 黔西高速鸭池河大桥雄伟壮观

贵阳至黔西高速公路鸭池河大桥，全长1450米，主跨800米，东塔高243.2米，西塔高258.2米，河面与桥面垂直距离达380米，总投资7.8亿元。是世界第二大跨径钢桁梁斜拉桥，国内第六大斜拉桥，列属世界第十大斜拉桥，同时也是贵州省最大跨径斜拉桥。

鸭池河大桥是贵阳至黔西高速的控制性工程，位于乌江源百里画廊，跨越鸭池河，距贵阳观山湖区45千米，距毕节市黔西县25千米。建设主要面临三个方面的挑战：一是大桥地处乌蒙山区，雨、雪、雾等恶劣天气年平均天数达到208天，严重影响生产效率的提高；二是桥址处于深切峡谷中，场地极为狭窄，给钢桁梁拼装等施工组织带来极大的挑战；三是钢桁梁采用大节段、长悬臂拼装，最大拼装长度400米，轴线偏差精度标高控制要在10毫米以内，施工控制难度大。

为解决技术难题，确保鸭池河大桥建成优质工程，大桥建设者积极开展科技攻关，在"索塔节段钢筋整体吊装施工技术""冬季高塔蒸养成套技术"等五个方面取得重大突破，实现了重大创新，确保了大桥建设顺利推进。

黔西县新仁苗族乡乌江岸边化屋村崖壁上的部分通村旅游公路

黔西县新仁苗族乡乌江岸边化屋村崖壁上的部分通村旅游公路

◆◆ 故事三 ∙∙∙∙∙∙∙∙∙∙∙∙∙∙∙∙∙∙∙∙∙∙∙∙∙∙∙∙∙∙∙∙∙∙∙∙∙∙∙∙∙∙∙∙∙∙∙∙∙∙

### 新仁苗族乡化屋村蜿蜒的通村旅游公路

黔西县新仁苗族乡化屋村苗族同胞吹起芦笙、唱起敬酒歌迎接客人

化屋村地处黔西、清镇、织金三地交界，拥有雄奇壮丽的自然风光和浓郁悠久的民族文化，然而长期以来落后的交通让苗寨里的群众生活困难，苗寨里的美丽风光也不被人所知。多年来，化屋村与外界的通道仅有几条崎岖陡峭的山路，其中一条就是著名的"手扒岩"险路，一面是悬崖峭壁，一面是万丈深渊，外面的游人难进寨，寨中的群众难出来。2004年，民建中央将黔西县作为重点帮扶县后，协调资金800多万元，历时三年修通了从仁慕至化屋全长14千米的通村油路，仁化旅游公路的开通，结束了化屋村没有公路的历史，被苗族同胞们称为"民建路""致富路"，"手扒岩"从此成为历史。2019年上半年，黔西县交通局对仁化路进行了提质改造，路面重新铺油，路旁增修边沟，沿路民房亮化改造，改造后的公路迎来了世界各地的游客，也迎来了化屋村新的发展机遇。

◆◆ 故事四 ∙∙∙∙∙∙∙∙∙∙∙∙∙∙∙∙∙∙∙∙∙∙∙∙∙∙∙∙∙∙∙∙∙∙∙∙∙∙∙∙∙∙∙∙∙∙∙∙∙∙

### 回家过年，我们走在崖壁大路上

贵州省毕节市黔西县素朴镇屯江村屯江苗寨，前临六广河，

李学明夫妇乘坐的二轮摩托车行驶在素朴镇屯江村屯江苗寨通组公路上

黔西县素朴镇屯江村屯江苗寨全貌

背靠悬崖峭壁。20 年前，当地村民进出峡谷必须翻越一条挂在崖壁上的"天路"，其中最险峻的五段崖壁路两边均拉起钢丝绳当简易护栏和攀爬时的辅助工具。后来，村民们陆续建造了小木船，才得以横渡六广河，经贵阳市修文县大石布依族乡大屯村往上游走，跨过六广桥，再绕行约 15 千米才到素朴镇上。

2017 年年初，黔西县启动"组组通"公路建设，通往屯江苗寨的 6.6 千米崖壁公路终于在当年 9 月 5 日开工新建，并于 2018 年 6 月中旬顺利建成。

31 岁的李学明是屯江苗寨村民，夫妻俩常年在福建晋江务工，每年临近春节才赶回老家过年。2019 年 1 月 31 日，从福建启程的李学明夫妇乘坐火车直达贵阳后，搭乘经贵毕高等级公路的客车到达素朴镇，再转乘老乡的二轮摩托车直抵家门口。他感慨道，家乡通了高速路、通村路、通组路，今年年底又要开通成贵铁路，回家太方便了，没想到这些年变化这么大。

◆◆ **故事五** ·················································

## 黔西县林泉镇海子村完善基础设施，提升村庄品质

海子社区自 2015 年启动"四在农家、美丽乡村"建设以来，加大投入力度，改善了村庄基础设施，解决了村民出行难等交通问题。

海子社区通过整合各类资金，带动农户自主投入，加大对基础设施建设力度。建成后的通组路平坦、干净、整洁，旁边还有宽敞的停车场。海子社区新改扩建房屋 600 余栋，新建通组路 15.3 千米，连户路 27.59 千米，美化亮化庭院 200 余个，修建广场两个、停车场两个、标准公厕一个，目前海子社区一幢幢贵州民居风格的农村小别墅拔地而起，一条条通组水泥路贯通全村，一个个造型各异的小庭院悄然放绿，构成了一幅海子村独有的美丽乡村"乡愁"画卷。

黔西县林泉镇海子村蔡家寨建前照片

黔西县林泉镇海子村蔡家寨建后照片

黔西县林泉镇海子村蔡家寨停车场建前照片

黔西县林泉镇海子村蔡家寨停车场建后照片

黔西县林泉镇海子村蔡家寨寨门建前照片

黔西县林泉镇海子村蔡家寨寨门建后照片

## ◆◆ 故事六

### 信息化建设为扶贫工作增添力量

"感谢党，感谢政府！有了扶贫网，脱贫就有盼头喽！"铁石乡米新寨的村民高兴地说。2018年，中国移动贵州公司黔西分公司实现了该村的移动网络深度覆盖。从"通信靠吼"到"旮旮旯旯打得通"，信息化建设为扶贫工作又增添了一份力量。

黔西部分村镇沟壑众多，给移动网络覆盖带来了较大难度。为打好脱贫攻坚战，中国移动贵州公司黔西分公司不断创新方法，加大投入力度，扩大光纤网、宽带网在农村的有效覆盖。近年来，中国移动贵州公司黔西分公司以基站建设为抓手，以"普遍服务"工程为契机，持续开展农村网络建设。在多个贫困村完成千余个光纤宽带覆盖，给当地村民生活带来了便利。据统计，中国移动贵州公司黔西分公司全年在定点帮扶地铁石乡完成4G站点新建5个宏站，站址扩容共17个。与此同时，在县委县政府的正确指导下，全县传输里程新增125皮长公里，累计达7805.3皮长公里；宽带端口新增8341个，累计达11.32万个。同时，组织党员先锋队对铁石乡建档立卡的贫困户开展"免费赠机"活动。活动累计赠送4G手机476台，价值56万余元，获赠手机终端的贫困户每人还同时获得1050元的话费赠送。手机方便了贫困户与在外务工亲人的沟通，他们个个喜笑颜开，对移动公司表示衷心的感谢。

2018年2月2日，因凝冻灾害，在黔西县中建乡红板村出现电杆倒塌、汇聚光缆中断、基站供电瘫痪等情况，导致当地民众无法正常通信。得知该消息后，中国移动贵州公司黔西分公司突击队立即准备抢修物资和设备，边清除路障边前行，克服重重困难，奔赴红板村抢修。

据悉，受本轮凝冻天气袭击，该公司 5600 多千米通信光缆有 4000 多千米不同程度受损，在黔西县 967 个移动基站中，有 100 多个基站受到影响。中国移动贵州公司黔西分公司及时启动应急预案，对凝

为保障通讯覆盖，中国移动黔西县分公司的员工在凝冻天不畏严寒运送油机到山上去，确保信号塔能正常工作

冻严重乡镇的基站、传输线路等进行巡检抢修，截至 2 月 2 日 18 时，中国移动贵州公司黔西分公司共出动抢修人员 390 人次，巡检光缆 3600 千米，光缆、电缆除冰 138 千米，处理光缆断线 36 处，维护基站和铁塔除冰 360 座，全面有效保障了基站、线路的正常运行和通信畅通。

## 第三节 特色产业发展"可持续"

习近平同志强调，发展产业是实现脱贫的根本之策。应因地制宜，把培育产业作为推动脱贫攻坚的根本出路。在脱贫攻坚实践中，黔西县始终坚持以产业发展为群众脱贫的重要支撑，守住发展和生态两条底线，聚焦产业扶贫全覆盖和"户户有增收渠道、人人有脱贫门路"目标，对照"八要素"要求，坚持"优势产业优先发展，优势品种率先突破"的原则，以农旅融合为核心，加快形成"专业化、精细化、特色化"的产业发展格局，以可持续的特色产业发展助推脱贫攻坚。

黔西县把推进农业产业革命作为打赢脱贫攻坚战的关键一招，以推动农业供给侧结构性改革为主线，按照优势产业、优势区域相对集中及"一乡一品、一村一特"的规模化发展思路，纵深推进农业产业革命，全面调整农业产业种植结构。同时，积极拓展农产品销售渠道，发展电商模式，充分利用好东西部扶贫协作平台和"黔货出山"通道，推动特色农产品走出黔西，有效助力脱贫攻坚和农村经济健康持续发展。

◆◆ 故事一 ·····························

## 乡村旅游火乡村

黔西县旅游资源丰富、区位优势明显、交通四通八达，近年来，黔西聚集各种资源要素着力建设集"农、旅、产"于一体的美丽乡村，使乡村旅游逐渐成为农民脱贫致富的绿色产业。

近年来，黔西县把农业产业结构调整与旅游发展有机结合起来，按照"农业生产景观化，农业产品旅游化，农业园区景区化"和"大景区带小景点，金线连金点"的农旅融合发展思路，依托

黔西县海子村游人如织

重点旅游资源，整合多方力量，着眼于发展全域旅游，多渠道筹集资金，着力补齐旅游短板，实现了旅游多产融合，重点实施旅游扶贫"九项工程"，旅游脱贫攻坚一次次告捷，旅游脱贫人口次第增多，稳定增收，为全县在 2017 年年底脱

贫摘帽作出了积极贡献，农旅脱贫既发挥了"吹糠见米"的作用，又达到了持续增效的目的，更是锻造了一个个美丽乡村，推进了乡村振兴战略实施。

黔西县丘林村体验传统农耕文化

自2016年以来，全县建成农文旅融合景点42个，打造乡村旅游示范点30个，获批3A级乡村旅游景区6个，中果河农旅一体项目的实施，让中果河景区成功通过国家4A级旅游景区质量景观评定；全县建成旅游饭店、商务酒店、精品民宿、乡村客栈等426家，旅游接待总床位达14007个，

黔西县营盘村月亮湾景点

黔西县谷里镇清明村蔬菜种植基地

其中录入公安系统的住宿单位 259 家，接待床位 9499 个；建成游客服务中心 9 个，旅游厕所 67 座，其中 A 级厕所 13 座。全县多产融合发展旅游企业 942 家，其中旅游出行企业 116 家、旅游住宿餐饮企业 426 家、旅游游览企业 83 家、旅游购物企业 210 家、旅游娱乐企业 51 家、旅游综合服务企业 172 家，旅游行业直接从业人员 34286 人、间接从业人员约 11 万人，2016 年至 2018 年，农旅融合发展惠及 11000 余名贫困人口。

◆◆ **故事二** ⋯⋯⋯⋯⋯⋯⋯⋯⋯⋯⋯⋯⋯⋯⋯⋯⋯⋯⋯⋯⋯⋯

### 清明村蔬菜种植基地，充分激发群众内生动力

谷里镇认真践行农村产业革命"八要素"和"五步工作法"，牢牢抓住党的基层组织建设这个"牛鼻子"，依托坝区资源优势和发展的主导产业，按照"支部+龙头企业+基地+农户"的模式，

通过"村社一体"抱团发展，建成利益联结紧、运营模式新、群众参与面广的改革试点，以股份合作制、土地入股式、务工分红式等合作机制，充分激发群众内生动力。

目前，有80余户贫困户、200多户农户参与到大棚基地中来，现有大棚504个，占地面积390亩。主要以有机蔬菜、瓜果种植为主，其中有机蔬菜100余栋，红颜草莓200余栋，绿色瓜果200余栋，周边发展蔬菜种植500余亩，基地建设已初具规模。

◆◆ **故事三**

### 大寨村蔬菜种植基地，实现"家门口上班"

位于黔西县甘棠镇大寨村的蔬菜大棚基地，占地500余亩，共修建510栋蔬菜大棚，每个大棚利益联结一户建档立卡贫困户。大寨村气候宜人，自然条件优越，种养殖产业发展优势明显，自脱贫攻坚战打响以来，大寨村紧紧围绕支部引领产业，引进公司合作，采取"村支部＋龙头企业＋合作社＋农户"经营模式，实现"产、供、销"一体化经营，走特色化产业之路，实行以"工"补"农"，带动贫困户就业，实现"家门口上班"。

甘棠镇大寨村蔬菜大棚项目目前主要发展辣椒、韭菜、莴苣、西兰花、西红柿等市场销量较好的蔬菜种植，同时种植特色泰国

黔西县甘棠镇大寨村蔬菜种植基地

无筋豆、羊肚菌等高营养高价值的蔬菜。

大棚的建成为大寨村 180 户村民提供了就业机会，解决了 220 余名劳动力。蔬菜产业发展实现了从无到有的突破，村集体经济明显增长，村民从产业发展中获得了实惠，村支"两委"实行党建引领，以产业为契机科学配置资源，优化产业结构，被评为"县工会科技服务示范基地"，为甘棠镇的脱贫致富起了带头示范作用。

## ◆◆ 故事四

### 金碧镇葡萄园里的致富模范夫妇

抱着太多的疑问，不甘贫穷落后，侯先志夫妇先后上过工地、打过零工、进过厂，夫妇俩从一无所有一步一步发展到拥有属于自己的葡萄园基地，成为当地的致富模范夫妇。

2015 年，侯先志夫妇找准自己要走的路，决定回家发展葡萄产业种植，引进阳光玫瑰、黑巴拉多、红苹果等 6 个早、中、晚熟的优质彩色葡萄品种种植，葡萄上市周期可从 7 月延续到 11 月中下旬，既增加附加值收入，同时还满足了游客舌尖上的享受。

自从侯先志夫妇发展这个葡萄园基地，镇里除了协助他们办理了合作社，还给予资金、技术等方面的扶助。葡

黔西县金碧镇侯先志夫妇葡萄园喜获丰收

萄园建设初期，村干部们也是想法子、找路子，帮助基地协调流转土地、建设大棚等问题。

在党和政府的关心和扶持下，侯先志夫妇通过自己的努力，实现了从贫穷到富裕的转变，真真正正过上了好日子，成了当地的有钱人。同时，葡萄园的建成不仅实现了家门口创业，也给当地群众带来了家门口再就业的机会，有效解决了农村剩余劳动力等问题，带动贫困群众增收。

据了解，该葡萄园占地面积 100 余亩，其中建有大棚 34 个、小棚 104 个。2019 年年生产总值达到了 52 万元，扣除成本 27 万元，纯利润达到了 25 万元。

◆◆ 故事五 ·······························

### 因地制宜，大葱助力踏上致富路

2015 年，在外务工的蔡凯乘着家乡林泉镇海子社区精准扶贫的东风返乡创业。返乡后，蔡凯办过农家乐，跑过运输，但收入都不是太理想。2017 年，蔡凯被群众推选为海子社区种植养殖农民专业合作社负责人。一心想发展产业促进群众增收致富的他，通过召开群众会、入户征求意见及咨询有关专家等方式，决定带领群众发展

黔西县林泉镇海子社区蔡凯在整理丰收的大葱

大葱产业。2018 年，合作社种植大葱 500 亩，带动农户种植 120 亩，解决了 60 人就业。当年合作社创收 22 万元，入社群众人均增加收入 1000 元，53 户贫困户户均增收 1200 元。

近年来，林泉镇采取"公司＋党支部＋合作社＋农户"等发展模式，示范引领群众种植大葱，产品远销贵阳、重庆、成都等城市。2019 年，全镇大葱种植面积达 10000 多亩，建成大葱种植示范基地 17 个，全镇大葱种植已初具规模，惠及农户 6000 多户，其中，贫困户 1030 户。农户通过流转土地及在基地务工，户均增收 4000 元以上。

## ◆◆ 故事六

### "洋牛"安格斯漂洋过海来这里

2018 年 3 月 19 日晚，天气特别冷，大家一夜没睡，通宵接牛。随着一声声"洋牛"的"高歌"，在工作人员指引下，23 辆

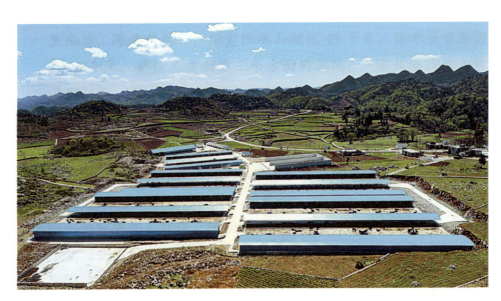

恒大集团援建黔西县 5851 个扶贫大棚、6500 头扶贫牛

卡车有序地驶入，至此，恒大集团帮扶观音洞镇的 759 头安格斯牛，漂洋过海，经历重重检疫、隔离，正式安家在此，为观音洞镇打赢脱贫攻坚战夯实了可持续发展的产业基础。

黔西县群众在养牛场务工的开心一刻

恒大集团援建养牛项目于 2017 年 9 月开工建设，养牛场占地 81.94 亩，建筑面积 9852 平方米，2018 年 2 月整体完工。

该项目采取"龙头企业 + 贫困户 + 基地"的模式运营。由县、乡政府负责土地流转和"三通一平"，恒大集团负责育种场及相关配套基础设施建设、引进纯种安格斯优质基础母牛，贫困户以恒大援建养牛场及配套设施入股的方式进行分红；引进龙头企业负责经营管理，提供技术培训，吸纳贫困户务工，并带动贫困户种植青贮玉米、高产牧草增收致富。

截至 2019 年 12 月，该养牛场共计存栏牛 1218 头。该项目实施后确权给贫困户 692 户 2962 人。2018 年户均分红 500 元，共 34.6 万元。

◆◆ **故事七**

## 黔西县扶贫项目獭兔养殖

黔西县甘棠镇金星村福农养殖专业合作社为引领群众发展致富，投入整合资金 45 万元，采取"党支部 + 合作社 + 贫困户"

黔西县甘棠镇金星村村民在合作社獭兔养殖基地饲养兔子

模式兴建兔业基地，引进 625 只优质伊拉兔（其中公种兔 90 只），产业带动 61 户贫困户脱贫。

"伊拉兔具有生长周期短，产仔、产肉率高的特点，发展伊拉兔养殖确实是个好产业，按照现有规模，如果养殖得好，每年能产两万只种兔，一年下来养殖场纯收入预计有 20 万元。"基地技术管理员陈先华的一笔经济账，算得在场的人心里热乎乎的。

县教育局驻金星村扶贫工作组临时支部书记熊约军说，扶贫就要真扶贫、扶真贫，工作组紧紧盯住帮贫困户脱贫摘帽的目标，发动群众抱团取暖，不断激发群众内生发展动力，共同致富。

◆◆ 故事八 ··········································

## 黔西县生态养羊扶贫

中建乡以"不甘垫底、敢于争先；不甘贫穷、敢于拼搏；不甘平庸、敢于担当"的"三不甘三敢于"中建精神，狠抓产业结构调整促群众增收，走出了一条一类贫困乡镇的脱贫致富之路，中建乡民主村沙坝组玉福养殖场就是一个生动典型。据罗玉福说："我对养羊很感兴趣，也有点小经验，从原来的 30 多只逐步发展壮大到 80 多只黑山羊，得益于驻村干部和党委政府的帮助和上级部门支持，让我当上了'羊老板'，还盖了 10 多万元的小平房，日子过得很安逸，今后，还要进一步扩大规模，带领乡亲们共同致富，一起奔小康，过上幸福的日子。"

据悉，中建乡生态养羊项目共计投入资金200万元，

黔西县生态养羊扶贫（中建乡玉福养殖场山羊）

建圈舍14210平方米，养羊2000余只，有养羊大户10余家，惠及营盘、红板、龙凤、民主4个村98户，分大、小户进行补助，大户补助数量每户为32只母羊、2只公羊，小户为14只母羊、1只公羊。母羊公羊补助标准分别为750元和2000元，每年可为群众增加纯收入100余万元。

近年来，黔西县被批准为新增草地生态畜牧业产业化科技扶贫县，发展草地生态畜牧业是兼顾农村扶贫、生态治理和调整农业产业结构促进农业产业化发展的重要举措。全县共投入产业化扶贫项目资金1786.88万元，投入国家重点生态功能区转移支付资金385万元，县级财政配套7万元，开展人工种草34200亩，新增基础母羊26868只、种公羊1152只，建成暖棚式标准羊圈43727.5平方米，建养殖小区6个，扶持养羊农户823户，发展养殖大户130户。据悉，黔西县为了实现自繁自养，就地供种，积极引进了贵州农里永胜农牧发展有限公司和黔西县兴福养殖场、黔西县宏宇养殖场等有实力的养殖场，投资参与黔西县种羊扩繁场建设，采取"中心场＋公司＋养殖分场＋专业合作社"运作模式，在铁石乡建立种羊繁殖基地，实现种羊繁殖基地饲养种母羊达30000只以上。

## ◆◆ 故 事 九

### 太来乡引"凤"还巢返乡创业助农增收

近年来，太来乡党委、政府把支持外出务工人员返乡创业作为脱贫攻坚工作的重要举措之一，大力开展引"凤"还巢工作，大力支持本乡致富能手返乡创业，以此带动当地贫困群众增收，杨大华便是这引"凤"还巢中的一员。

黔西县太来乡独山村葡萄基地，村民在包装葡萄

黔西县太来乡独山村葡萄基地，村民在采收葡萄

2014年，在乡党委、政府的支持下，杨大华先后投入资金800余万元，成立黔西县瑞丰盛农种养殖科技有限公司，通过"支部＋公司＋贫困户"模式，以坡地每年每亩350元、平整坝子地每年每亩400元的标准，流转农户土地800余亩，种植优质中晚熟蓝莓、无籽葡萄和"紫金王"葡萄500亩，种植青脆李、四月李和八月李等300亩。

经过5年的发展和管理，2019年，葡萄产量突破15万公斤。由于"紫金王"品种成熟稍晚，加之口感好、味道香甜，深受消费者喜爱。目前，葡萄园正处于扩大生产规模、建设集吃喝玩乐于一体的乡村农家乐和采摘园的阶段，届时，游客不但可以体验采摘的乐趣，吃上地道可口的农家饭菜，还可以品尝自己生产酿造的"富阳红"葡萄酒。

独山村村民罗云琴说："从葡萄园发展开始，我就在这里务工，每个月有两三千元的收入。家里还喂养三头牛，收入相对可观。"据统计，独山葡萄园直接或间接带动当地110名贫困群众就业，实现贫困群众创收增收。

◆◆ **故事十** ·······································

## 大关镇高产牧草助力乡村产业发展

高产牧草原名"苣藚草"，原产地海南岛儋州市。随着畜牧业的快速发展，高产牧草已成为全社会所关注的产业。

自2017年以来，大关镇按照贵州省农业产业结构调整"八要素"工作要求及县委种草养畜产业发展规划，通过组织人员到海南、四川等省份考察学习，选定发展高产牧草推动镇内畜牧业向产业化、规模化方向发展，进而带动贫困群众增收致富。从2017年七里村合作社组织试种面积1100亩，到2018年大关镇以"党支部＋合作社＋农户"的经营模式，由12个村级合作社牵头，发展高产种植

黔西县大关镇七里村2019年第二季牧草长势喜人

达到 6800 亩。

高产牧草亩产量高，管护、收割用工需求量大，平均亩用工量达 10 人次，全镇牧草产业年用工量达 68000 余人次，平均日工资在 100 元至 150 元之间，有效地解决了本地群众的务工需求，增加了贫困群众收入。

◆◆ **故事十一** ·······························································

<h2 style="text-align:center">民建天津市委帮扶黔西县深度贫困村花溪乡<br>钟山村发展养蜂产业带动贫困户致富</h2>

为更好地贯彻落实民建中央对口帮扶深度贫困地区工作，2017 年，民建天津市委积极响应民建中央号召，对口帮扶贵州省黔西县花溪乡钟山村，投入 18 万元支持钟山村购置 120 桶蜜蜂发展养蜂项目，不到半年时间，就已经产蜜，喜获丰收。目前，第一批初产蜂蜜已全部被订购完毕，预计年销售收入将达 20 万元。该项目由合作社统一管理，统一提供技术支撑，所售蜂蜜利润按照"1225"方式分配，即"村集体占 10%、合作社占 20%、养蜂人占 20%、贫困户占 50%"，60 户贫困户户均增收约 2100 元，产业扶贫效果立竿见影。

此后，民建天津市委继续推进帮扶黔西县深度贫困村花溪乡钟山村脱贫攻坚工作，再次投入 20 万元，继续帮

民建天津市委帮扶黔西县深度贫困村花溪乡钟山村养蜂项目

扶 60 户贫困户扩大发展养蜂项目，助推 120 户贫困户持续增收，真脱贫、脱真贫。

## ◆◆ 故事十二

### 黔西县定新乡深山养鱼富农家

炎炎夏日，在黔西县定新乡英雄村养殖专业合作社，村民们拉网捉鱼、搬鱼过秤。"这鱼可是'致富鱼'，村里惠及的 59 户贫困户都能参与分红！"英雄村党支部书记林永茂说，昔日守着一亩三分地过苦日子的村民，如今变身"养鱼达人"，全村 15 亩鱼塘年产销成鱼 5000 余斤。

过去，英雄村偏僻，村民文化水平较低、思想落后，村里发展滞后。如何将这块大石头搬开，成了林永茂的烦心事，2018 年，英雄村成立养鱼合作社，该村依托当地的山泉水资源，将 5 亩土地开垦为鱼塘，采取"支部＋合作社＋贫困户"模式，大力发展冷水鱼养殖，发动该村的贫困户抱团发展至 15 亩鱼塘。

自合作社运营以来，共吸纳 59 户贫困户加入合作社。自从加入了合作社，贫困户江锦国变成了养鱼能手，已于 2020 年成功"摘帽"。如今，合作社每年收益达 6 万元左右，前景可观。

黔西县定新乡英雄村养殖专业合作社的"致富鱼"

◆◆ 故事十三 ·························································

## "扶贫车间"真扶贫

黔西县大关镇妇女在阳光纺织有限公司务工

2016年，大关镇文明社区异地扶贫搬迁集中安置点投入使用，群众从生产生活条件极差的地方搬迁到交通、商业较为发达的镇上，在这里建设新家开始新生活。

为了让搬迁群众实现"搬得出、稳得住、能致富"，大关镇党委政府积极联系对接引进加工厂，将搬迁楼一楼免费提供给加工厂，条件是优先聘用搬迁群众进厂务工。考虑到搬迁妇女们常年从事农耕，纺织加工是"零基础"，在政府与工厂反复交涉对接后，纺织厂针对群众专门开设技术培训班，由专业人员组织培训，妇女们经过培训考核，能够完全胜任后方可上岗。

在党委政府的大力支持和帮助下，搬迁群众已逐步适应新环境新生活，政府也在进一步对接，引进更多企业，解决更多搬迁群众就业问题。

## 第四节　群众脱贫致富"动力足"

习近平同志指出，在脱贫攻坚伟大实践中"要坚持依靠人民群众，充分调动贫困群众积极性、主动性、创造性，……用人民群众的内生动力支撑脱贫攻坚。"①黔西县把"扶志""扶智""扶德""扶勤"教育贯穿脱贫攻坚全过程，坚持"物质扶贫"与"精神扶贫"双管齐下，以"新时代农民讲习所"为平台强化脱贫光荣导向，培育文明乡风助力乡村振兴，使群众积极转变观念，牢固树立自力更生思想，释放出强大内生动力。

## 一、脱贫内生力全面释放

黔西县按照"扶贫"与"扶志""扶智"相结合的原则，创办"新时代农民讲习所"514 所，加强对贫困群众思想观念的转化，宣传讲解各级扶贫政策、脱贫攻坚思路、农村发展举措，有针对性地开展劳动力就业、创业培训，增强群众想发展、会发展、能发展的能力，切实把新时代农民讲习所办成开启民智、凝聚民心、发挥民力、助力民富的"脱贫攻坚大本营"，有效激发了脱贫内生力。

2018 年 10 月 17 日从北京传来喜讯，在 2018 年全国脱贫攻坚奖表彰大会暨首场脱贫攻坚先进事迹报告会上，黔西县荣获全国脱贫攻坚奖组织创新奖，这是脱贫攻坚工作的最高荣誉，黔西县也是贵州省唯一获得此奖项的县份。

近年来，黔西县时刻牢记总书记"全面建成小康社会，一个不能少，共同富裕路上，一个不能掉队"的嘱托，紧扣"一达标、两不愁、三保障"要求，采取最有力的措施下足"绣花"功夫，探索建立了 514 个新时代农民（市民）讲习所，对群众开展各类讲习 1.58 万余场次，有效激发群众内生动力，夺取脱贫攻坚战全面胜利取得了明显成效。15 个贫困乡镇摘帽，163 个贫困村出列，累计减少贫困人口 30018 户 123847 人，贫困发生率由建档立卡时的 15.58％下降至

---

① 《习近平谈治国理政》第三卷，外文出版社 2020 年版，第 152 页。

1.62%。2018 年，黔西县按国家标准通过评估验收，成为毕节市首个脱贫摘帽县，并荣获"2018 年全国脱贫攻坚组织创新奖"。

◆◆ **故事一** ·····································································

## 盼来十九大　喜听党声音

黔西县解放村"盼来十九大　喜听党声音"活动现场

2017 年 10 月 18 日上午 9 时，随着党的十九大开幕会在北京人民大会堂举行，解放村"盼来十九大　喜听党声音"活动也随之进行。活动引来附近的村民踊跃参与。

活动以集中在解放村文化广场收看党的十九大开幕会电视实况转播形式开展，前来观看的群众围在一起，认真聆听习近平总书记所作的报告，共同见证了这一历史时刻，感受着团结、奋进的时代脉动。

◆◆ **故事二** ·····································································

## 水西街道水西社区百姓高歌欢舞，
## 喜迎党的十九大胜利召开

"党的恩情深似海，党的恩情比天高，千言万语说不尽，千歌万曲唱不完，水西百姓感党恩，永远跟党不变心……"2017 年 10 月 15 日，黔西县水西街道水西社区安居小区内，一句句脍炙人口的快板声悦耳动听。记者闻声走近一看，原来是社区 300 余名党员群众欢聚一堂，高歌欢舞喜迎党的十九大胜利召开。

黔西县水西街道水西社区快板《水西百姓感党恩》

"今天离党的十九大召开还有三天，我们在这里高歌欢舞，主要是喜迎党的十九大召开，大家都很积极，有的党员群众 6 点钟就到了，很多都是 80 多岁了，这集中体现了我们党的凝聚力和大家对党的感恩和期盼。"这是水西社区党支部书记喻朝芬在节目开始前的开场白。

在现场，快板《水西百姓感党恩》、舞蹈《欢乐腰鼓喜迎党的十九大》《欢聚一堂》《苗家庆丰收》、歌曲《全家福》《看见你格外亲》以及健身太极等节目赢得现场观众的阵阵掌声。最后，一首全体小合唱《没有共产党就没有新中国》唱出了大家的心声，唱出了大家对中国共产党、对伟大祖国的热爱，歌声激扬，催人奋进。

◆◆ **故事三**

### 易地搬迁挪穷窝，技能培训促就业

2018 年 6 月 28 日，锦绣街道易地搬迁安置点 2018 年第一场贫困劳动力全员培训班开班了，91 名建档立卡贫困户学员参加了培训，经过 35 天的家政护工技能培训后，获得了培训机构

黔西县锦绣花都 2018 年贫困劳动力全员培训开班仪式，努力拓展群众视野，提升再就业能力

推荐的就业岗位，同时还参加了"迁新居、跟党走、感党恩"大型专场招聘会，获得更广的就业平台。

培训班学员吴元游，是锦绣街道易地搬迁安置点建档立卡贫困户，在培训期间通过感恩教育相关培训，精神上受到了巨大鼓舞，提高了他助人为乐的热情，培训期间主动帮助其他参训的学员学习技能，获得培训班老师和学员一致好评，最后获得培训学校聘用资格，当起了培训学校的管理老师，成功实现了从参加劳动力全员培训到稳定就业"一步到位"。后来吴元游为了帮助更多的搬迁群众，他积极参与锦绣街道的社区干部竞选，成功当选了社区主任，真正实现了"乐迁新居，有业可就"的根本愿望。

◆◆ 故事四

## 她用"金剪刀"搭起教育扶贫的桥梁

在黔西县锦星镇白泥村，有一个巧手姑娘岳红霞，她从小喜欢画画、做手工。她在农村教书时，发现许多农民的孩子因各种原因没办法接触艺术，于是她将剪纸引进课堂，在边学边教的过程中，也对剪纸入了迷，还针对学校教育分别编撰了剪纸初级教程和中级教程。

她创设了剪纸社团，义务走村串寨，到福利院等地方传授剪纸技能和刺绣蜡染等图案技艺，免费为孩子们购买材料，将家庭条件困难的学生收留在自己家里学习。同时也专注于剪纸艺术的研究，先后获得全国剪纸大赛的金剪刀奖、金银铜奖等70余个奖项，还被评为了高级工艺美术师及黔西县非物质文化遗产传承人。

黔西县余红霞用剪纸艺术形式表现盛世欢歌，喜迎党的十九大

她德艺双馨，引起世界和全国各地同行的关注，大批省内外友人经常到黔西县参观红霞剪纸。在黔西县脱贫攻坚期间，以她的剪纸为桥梁，广州世凯纸塑向黔西锦星东庄小学捐赠校服800余套，徐州丰县教育印刷厂向黔西教育局捐赠冬季冲锋衣1000件和剪纸100张，秦淮彩灯传承人陈先生为锦星周家湾贫困户捐赠现金1000元。

党的十九大召开之际，岳红霞怀揣对祖国的热爱之情，创作了作品《盛世欢歌喜迎十九大》，展示了黔西人民对美好生活的向往，展现了全县人民对祖国美好的祝福。

◆◆ **故事五**

### 黔西县绿化乡唐开勇夫妻用门联形式
### 感恩党和政府的好政策

唐开勇家住绿化乡四方井村，那里山高坡陡、土地贫瘠、石漠化严重，家里仅有的土墙房都早已被风雨淋垮，逢年过

黔西县绿化乡唐开勇夫妻用门联形式感恩党和政府的好政策

节回家都借宿在亲戚家。村干部得知情况后为他家申请了易地扶贫搬迁，并在安置点旁边流转了土地，修建了牛棚。在党和政府的帮助下，唐开勇有了房子，也有了产业发展规划，对过上小康生活有了充足的信心。在搬新家的当天唐开勇与妻子叶英举行了婚礼，一家人喜气洋洋、其乐融融。当日他们还写下感恩党和政府的门联，贴在门上，以此来表达他们的感激之情。

◆◆ **故事六** .................................................

## 刁朝贵：双手"走"出富贵路

贵州省毕节市黔西县莲城街道八块田社区村民刁朝贵，在三岁时患小儿麻痹症双腿瘫痪，自幼用双手撑着地面走路。

刁朝贵是八块田社区建档立卡贫困户，九岁时父亲去世，母亲长期患病丧失劳动力，他的外甥女因出生仅三个月母亲就去世、父亲离家外出至今杳无音讯，因此一直由刁朝贵和弟弟刁朝洪抚养成人并读了大学。多年来，刁朝贵靠编织竹器和维修家电补贴家用。

"忽如一夜春风来，千树万树梨花开"，脱贫攻坚的春风吹进了这个千疮百孔的家，为他们带来了希望。2017年4月，在莲城街道和八块田社区的帮扶下，刁朝贵获得国家5万元"特惠贷"

资金，依托手工棉鞋加工这一技能，他和弟弟合伙开办了棉鞋加工坊，靠着自己的努力"站"了起来，拼搏出了属于自己的幸福。年末，他自愿申请摘去贫困户的"帽子"。此时的他，不仅生活富足，还精神充实。

2018 年，刁朝贵的棉鞋加工坊生产了 13 万余双半成品鞋进入市场，获纯利润达 15 万元，还解决了 6 名建档立卡贫困人员的就业。家里有了稳定收入后，刁朝贵主动申

黔西县莲城街道八块田社区村民刁朝贵在教工人制鞋，由于双脚瘫痪，他只能一只手控制机器转动，另一只手示范

刁朝贵在把鞋帮和鞋底缝合成成品棉鞋

请退出建档立卡贫困户序列，他用勤劳的双手"走"出富贵路。

刁朝贵从不抱怨生活的不公，对生活不言弃、不服输的精神感动着周围的人，他是大家心中坚强的"阿刁"。

2019 年年底，加工坊生产的棉鞋数量达 10 万余双，销往湖南、贵阳、遵义等城市，获利润达 15 万元以上，与此同时，他饮水思源、心怀感恩，帮助解决了当地 4 个居民的就业问题，人均年收入达 40000 元以上。

## 二、群众获得感不断增强

为改善农村贫困人口居住环境，黔西坚持"生态立县"原则，守护农村绿水青山。同时大力开展"五子行动"，整顿村容村貌，重塑乡村对外形象，增加村民对乡村的认同感和生活的幸福感，从而激发了广大农民脱贫致富奔小康的精神动力。

中央统战部、民建中央、黔西县合力建设的大海子同心新村

黔西县洪水镇解放村家园如画

# 第4章

今日黔西：乡村振兴
进行时

党的十九大以来，习近平同志明确提出实施乡村振兴战略，努力实现"产业兴旺、生态宜居、乡风文明、治理有效、生活富裕"的总要求，强调通过"七条道路"统筹推动产业、人才、文化、生态、组织"五个振兴"。实施乡村振兴战略，是党的十九大作出的重大决策部署，是决胜全面建成小康社会、全面建设社会主义现代化国家的重大历史任务，是中国特色社会主义进入新时代做好"三农"工作的总抓手。

　　黔西根据习近平同志的重要指示，在省委省政府的全力支持下，2018年高质量脱贫"摘帽"，实现减贫史上的跨越，同时开启了乡村振兴的新征程。黔西积极做好脱贫攻坚与乡村振兴有机衔接，确保群众稳定脱贫、持续增收、安居乐业。乡村振兴是农村治理的新时代，是脱贫攻坚的升级版。对于刚刚脱贫奔小康的黔西而言，要着力解决的群众所关注的痛点难点，也正是实施乡村振兴战略需要谋划的焦点重点。黔西在脱贫攻坚与乡村振兴的有机衔接上做了许多有益尝试。

## 第一节　共享共建导向的政策设计

　　精准扶贫意味着差异化扶贫，是对扶贫对象进行"特惠定制"的扶贫模式。"精准"理念指导下的黔西扶贫，以聚焦聚力为原则，整合各类资源，逐步加大政策倾斜和资金投入力度，以贫困村与贫困人口为目标对象，精确瞄准机制使大量的政策、资源投向深度贫困村、贫困人口，并因地制宜、因户施策，层层分解落实脱贫攻坚责任，帮扶措施精准到户到人，提高扶贫实效。精准扶贫的实施推动偏远地区基础设施薄弱、公共服务不完善、产业发展滞后的贫困村，通过一系列建设和发展实现脱贫。黔西县在解决好绝对贫困问题后，也在更多地关注经济社会发展成果的全民共享问题，政策的制定也转向"全县普惠"。特惠式扶贫是解决绝对贫困的有效途径，而随着现行标准下的绝对贫困的消除，再实施特惠式扶贫难免会激化黔西社会矛盾，因此，黔西积极转向全县共享，将除家庭收入外的更多因素，如社会参与等纳入相对贫困的评定标准中，逐步减缓相对贫困，使全县在共享共建中实现产业兴旺、生活富裕。

## 第二节　长效产业体系的初步构建

习近平同志于 2018 年 2 月视察四川时强调，要把发展现代农业作为实施乡村振兴战略的重中之重。产业是稳住农民、留住人才的关键。无论是脱贫攻坚还是乡村振兴，最为关键的任务都是发展生产力，但在不同时期，发展生产力的重心与目标是不同的。在脱贫攻坚阶段，黔西产业发展的首要目标是扶贫，并确保精准度。在精准扶贫、精准脱贫的目标导向下，黔西大量扶贫资金投向产业项目，并配套推进金融扶贫（如黔西特惠贷、银行到贫困村设点），大规模的扶贫资金直接贴补针对贫困户的银行贷款利息、农户增收等，推动扶贫产业顺利发展，确保贫困群体发展有资金、零风险。在脱贫攻坚精准性、紧迫性的影响下，多数扶贫产业将目标定位于带动贫困群体快速脱贫，同时，依靠扶贫资金推动、政府承担发展风险、借助政府开拓销路，扶贫产业的短期繁荣并发挥带动作用，保证贫困基本面的脱贫。在脱贫攻坚向乡村振兴的过渡期，黔西逐渐将产业发展目标瞄准可持续，对政府、社会一条龙式保护发展下的扶贫产业在回归市场竞争后能否繁荣依旧问题进行了积极部署。保障返乡创业者、中等规模农业生产经营者等中坚农民愿意留在乡村、建设乡村，村干部也心无旁骛地抓工作、干事业。只有长期稳定的经济保障，才能稳住人心、留住人才，村干部专心致力于村庄发展，同时，集体经济的壮大在服务村民的过程中，也有效巩固了基层政权。基于此，黔西在脱贫攻坚对接乡村振兴，产业发展的着力点逐步从"快速脱困"转向提升可持续发展能力的建设。

黔西所在的毕节市岩溶地貌与非岩溶地貌交错发育，山高坡陡、地形破碎，生态环境十分脆弱。"人穷、地乏、环境恶劣"是 30 年前该地区的真实写照。1988 年 6 月，经国务院批准，以"开发扶贫、生态建设"为主题的毕节试验区正式成立，揭开了修复生态、决战贫困的崭新篇章。

产业兴旺是解决农村一切问题的前提，国家关于打赢脱贫攻坚战三年行动的指导意见提出，要因地制宜加快发展对贫困户增收带动作用明显的休闲农业和乡村旅游。农业与旅游业的融合发展是农村产业融合的重要路径，也是休闲农业和乡村旅游相结合的基本形式。近年来，黔西结合自身实际情况，紧扣国家大力发展全域旅游战略思路，把农业结构调整与旅游发展有机结合起来，按照"农业生产景观化，农业产品旅游化，农业园区景区化"和"大景区带小景点，金线连金点"的农旅融合思路，探索出一条产业发展、农民增收与生态优化共赢之路，为脱贫攻坚及乡村振兴夯实了坚实的产业基础。

◆◆ 故事一 ⋯⋯⋯⋯⋯⋯⋯⋯⋯⋯⋯⋯⋯⋯⋯⋯⋯⋯⋯⋯⋯⋯⋯⋯

### 支部书记就是先行者　就要有思路

在毕节试验区专家顾问组帮扶古胜村大背景下，冯长书作

黔西县素朴镇古胜村党支部书记冯长书在植树

冯长书给果树剪枝

为素朴镇古胜村党支部书记，古胜村的领头人、先行者、示范者，带领村"两委"通过"支部引领、群众参与"的方式，勇敢向贫困亮剑，通过对石漠化恶劣的生态环境采取"高海拔自然恢复，中海拔退耕还林，低海拔种植经果林"的立体式生态修复模式，带领群众狠抓基础设施建设、产业发展，实现了百姓富、生态美的农村新景，成功探索出一条可持续的、可借鉴的农村发展新路。

目前，古胜村累计退耕还林3038.5亩，石漠化治理710亩，种植经果林2937.5亩，生态林自然恢复3400亩，森林覆盖率从1988年的不到10%增加到现在的55.4%；成立村级生态文明建设保护委员会，聘请生态文明建设义务监督员，对村里的山、水、林、田、路实施精准保护，实现山青水绿能增收致富的目标，并获得"绿化毕节示范村"荣誉称号。

同时，不断扩大种源类型范围，先后引进并种植宁波杨梅75亩，美国甜桃150亩，五星枇杷160亩，玛瑙樱桃1150亩。并多次聘请省内外专家开展种植专题培训，选拔和培养懂技术、会管理、责任心强的群众组建农民讲师团，在全村巡回开展经果林种植、嫁接、剪枝、病虫害防治等实用技术培训。为全村 2000 多亩经果林注射了"预防针"和"强心剂"，提高了农民的技术和本领，古胜村大部分群众实现了从"粮农"到"果农"的蜕变。

为使发展有效规范推进，冯长书还带领古胜村"两委"成立了星火种植农民专业合作社，实现村社一体，围绕该村特色水果，实现经果林管护到销售"五个统一"，即统一生产计划、统一农资供应、统一技术标准、统一产品认证、统一加工销售。既确保了水果质量，又保证了销售价格，除让"果农"得到了实惠外，还逐步壮大了村集体经济。

如今的古胜村，在冯长书的带领下，不仅不再贫穷落后，还为喀斯特贫困地区探索出一条可持续发展的路子。根据五星枇杷和玛瑙樱桃两种水果市场需求大、单价高、供不应求等实际，预计投入资金 30 万元左右，增加五星枇杷和玛瑙樱桃种植面积各 200 亩；对目前已形成一定规模的玛瑙樱桃、五星枇杷和酥李三种水果品牌，依托电商平台等渠道"走出去"，增加农民收益。

◆◆ **故事二** ⋯⋯⋯⋯⋯⋯⋯⋯⋯⋯⋯⋯⋯⋯⋯⋯⋯⋯⋯⋯⋯⋯⋯⋯⋯⋯⋯

### 种下猕猴桃　领着群众干

"这一片种的是贵长，那一片是金艳和红心，品种不同，口感也不一样。"学法律专业的陈勇，如今介绍起猕猴桃来已成半个专家。

2015 年 12 月，在黔西县文体广电旅游局工作的陈勇主动提出申请，领办创办山地高效生态农业发展项目，和几个合伙人在黔西县林泉镇增坪村种植猕猴桃 1000 多亩，从此和猕猴桃结下不解之缘。"接触到猕猴桃后，我非常看中它的前景和价值，这是一个能带动群众致富的好产业。"陈勇说。

2016 年 10 月，陈勇成立了贵州乌蒙生态农业科技有限公司，扩大猕猴桃种植面积。为了寻找最适合的种植区域，他送检了林泉镇各地的土壤样品，还带队到西安进行实地考察。经过检测，猕猴桃种植基地核心区域选择在林泉镇松树、卫星、新水三个村。基地以 500 元每亩的流转费流转土地，每三年递增 15%，增加到 900 元每亩为止，共流转了 400 多户农户家的土地，其中贫困户 200 多户。目前，第一期共种植了 5000 多亩。放眼望去，种植了两年的猕猴桃已是一片翠绿。

"猕猴桃三年挂果，之前大家看不到效益，都不愿意入股，等明年挂果后，群众对比收入，可自愿选择把土地入股或是继续流转。"陈勇说。

据介绍，项目投产后，预计每亩产值 30000 元，公司每年按纯收入的 8% 给入股农户进行分红，农户每亩可分红 3000 元左右。目前，基地已与贵州阁园林绿化公司和贵州湾田煤业集团签订了销售合同，两家公司以不低于每公斤 16 元的价格收购猕猴桃。

"我就想通过这种领办创

果农在黔西县林泉镇增坪村兴黔盛源种植农民专业合作社猕猴桃园区采摘绿心猕猴桃

办的方式，做给农民看，带着农民干，解决好销路，带来技术，为大家的发展致富创造条件。"陈勇说。除了入股分红和流转土地，基地务工也是农户一笔不小的收入。据介绍，基地每亩土地每年用工数在35人以上，农户到基地务工，每天有70元的收入。为了更好地与农户建立利益联结机制，林泉镇还专门成立了劳务专业合作社，通过支部引领，解决好用工问题。

同时，因出售的猕猴桃必须保证原生态无污染，基地猕猴桃种植只施农家肥，这便基本解决了整个黔西县各养殖场和周边农户喂养牲畜产生的粪便问题。据介绍，公司以100元/吨的价格收购农家肥，经发酵后再施肥，一亩地需要5000公斤左右。而且基地还把土地承包给附近的村民除草，村民不仅可以免费得到草料，每亩还能得到40元的工费，之后再把喂牲畜产生的粪便卖到基地，循环利用。

"现在，我们正在以'梦幻林泉'为主题，打造一个农旅结合的产业园。"陈勇介绍了下一步打算。为了更好更快地发展，陈勇和来自重庆的韦济立合作，投资建设项目。目前正在打造40个具有地方特色的小木屋，预计年底完工，完工后由一户贫困户管理一个木屋，利用韦济立在重庆的资源优势，宣传、吸引重庆人到林泉避暑、旅游，带动当地经济发展。

除发展产业外，到林泉镇的三年时间里陈勇还有一个角色，就是村民的"法律顾问"。谁家有个大小矛盾，他都会尽力去调解，还通过各种讲习，给群众讲法律常识，充分发挥专业优势。

◆◆ **故事三**

## 特色烤烟——千户万户脱贫之路

重新镇位于黔西县东北部，距县城45公里，总面积139.8

黔西县重新镇种植的烤烟

平方公里；全镇辖 17 个行政村、1 个农村社区委员会、207 个村民小组，总人口 4.1 万人，其中满、苗等少数民族人口 1.1 万人。

重新镇煤炭资源丰富，煤质优良，烤烟是该镇农民收入的主要来源，也是财政收入的主要支柱，每年种烟面积在两万亩左右，有"重新烟海"之称。

该镇紧紧围绕重新镇党委政府提出的农业稳镇、烟草强镇、商贸带镇、文化兴镇战略目标，坚持以市场为导向，加快扶持特色优势产业的发展，以农户小额信用贷款为载体，大力支持重新镇 16730 亩连片种植烤烟，培植农民增收的新亮点。

## ◆◆ 故事四

### 林泉镇花卉苗木产业拓宽脱贫路

近日，在黔西县林泉镇清塘村的花卉大棚基地里，当地的村民们正忙着扦插木春菊，忙得不亦乐乎。

"这个枝要剪到什么位置，是有规定的，比如这一段，我们要剪去它的老根，从根部往上，留十公分以上。"林泉镇清塘村村民曾军说。

曾军是花卉基地的技术人员，他每天负责在基地里管护苗圃和为村民们作技术培训。自从 2019 年 3 月花卉基地落户清塘村，曾军就在基地里边务工边学技术，现在他不仅学到了花卉种植的技术，每个月还能有一笔稳定的收入。

而清塘村大多数村民在把土地流转给公司后，都选择在基地务工。村民王菊就是其中一位，每天都在花卉基地里务工，按天结算工资，加上流转土地的钱，每年就有两笔收入。"我家有八亩土地，流转给了花卉公司，自己也在公司里面打工，70块钱一天，还能照顾老人和孩子，很满意。"王菊说。

黔西县林泉镇清塘村花卉苗木基地

2019年，林泉镇引进乌蒙生态农业科技有限公司在清塘村发展特色花卉苗木产业，让群众体会到发展花卉产业带来的好处，村民们参与务工和学技术的积极性都很高，现在平均每天都有80余人在基地里务工。

"在基地里，大家不仅能务工还能学到技术，公司打算给一些比较成熟的技术人员免费发放种苗，由他们自己去进行培植，培植好之后，再由公司定价回收进行销售，这样村民们的收入就更高了。"乌蒙生态农业科技有限公司副总经理潘波介绍，据了解，乌蒙生态农业科技有限公司在林泉镇清塘村流转了200多亩土地种植花卉苗木，并承包了清塘村的 457 个大棚，主要种植木春菊、西洋鹃、红叶石楠、罗木石楠等 30 多个品种，花卉苗木产业的发展，不仅让公司获得收益，也为清塘村大量农村剩余劳动力提供了就业和增收致富的机会。

◆◆ **故事五**

## 金碧镇辣椒富了农

2016 年，黔西县金碧镇辣椒种植面积共 1.1 万余亩，由于前期气候多雨凉爽，适于辣椒的生长，金碧镇地膜移栽的辣椒长势喜人，田坝间秋收正忙，一派繁忙景象。

据黔西县华升种养殖农民专业合作社主要负责人洪升介绍，合作社今年共种植辣椒 258 亩，并带动全村连片种植辣椒 1280 亩，合作社负责按市场保底价 0.9 元给种植户收购，解除了椒农的销路顾虑，给辣椒种植户服下了"定心丸"。由于 2016 年雨水充沛，基地里的辣椒长势良好，亩产辣椒可达 4300 斤左右。同时，辣椒市场都很好，一般的一斤都能卖到 1.05 元，好一点的一斤要卖 1.1 元到 1.2 元，辣椒种植农户家家户

户都收获满满，有些在辣椒基地里干活的农户自己也种了一些，一边在合作社里打零工学技术，一边又在自家种植辣椒，一年下来，不仅脱了贫，还走在致富的前面，家家户户都喜笑颜开。

自 2016 年以来，金碧镇党委、政府早安排、早部署春耕生产工作，按照农业板块经济发展要求，力抓蔬菜板块经济发展，免费发放辣椒苗给农户种植，定期为辣椒种植农户宣传防虫、防灾、防疾病预防宣传，全镇发展蔬菜板块经济（辣椒板块）基地六个，为促农增收致富、同步奔小康，全面建成小康社会保驾护航。

黔西县金碧镇农民喜收辣椒

◆◆ 故事六 ·······························································

## 青贮玉米让农民乐"翻"了

黔西县金碧镇新团村玉米地里，农民们正将绿油油的玉米连同秸秆一起收割、装车，运往该镇养牛场做青贮食料，现场一派农忙景象。

自 2019 年春耕生产以来，金碧镇大力推进农业产业结构调整，积极宣传发展"短、平、快"经济效益较高农作物种植，以及青

黔西县金碧镇新团村玉米收割

贮玉米种植，实现了土地多元化利用，增加了农民的经济收入。

据了解，金碧镇各村（社区）青贮玉米平均亩产达 3.5 吨左右，按 450 元 / 吨，能卖到 1575 元，实现了玉米传统收割经济翻一番，提高了土地的使用效益，带动了农民增收。

◆◆ **故事七** ·····················

## 又一波李子来袭

黔西县金碧镇新富村红彤彤的李子

黔西县金碧镇新富村，阵阵李子香扑鼻而来，红彤彤的李子缀满枝头，吸引了贵阳、安顺及周边乡镇游客前来采摘。游客满载而归，果农也增加了收入。

自 2018 年以来，黔西县金碧镇新富村以"党支部 + 经果林 + 旅游业"的形式发展旅游业。游客可以在李子园采摘李子，也可以消暑，价格也实惠；在采摘李子之余还可以欣赏新富村柯海湖的田园风光，体验农家田园生活，受到很多游客的喜爱。

黔西县金碧镇新富村硕果挂满枝头

据新富村党支部书记介绍，新富村依靠便利的农村道路交通工具，以产业革命"八要素"为主抓手，充分利用当地独有的区域优势和土地资源，以短养长发展经果林种植，现种有核桃、桃子、梨子、李子等早、中、晚熟品种，上市周期可从 5 月延长到 10 月。

黔西县金碧镇新富村游客收获满满

据了解，该镇采用原生态绿色种植方式种有桃子、李子、枇杷、核桃等经果林一万余亩。

## 第三节　乡村中坚人才的培育和发掘

2018 年 3 月习近平同志在参加山东代表团审议时指出，要推动乡村人才振兴，把人力资本开发放在首要位置，强化乡村振兴人才支撑。乡村振兴与脱贫攻坚的战略主体都是"人"。脱贫攻坚是解决贫困乡村中人的生存问题，乡村振兴是解决县域乡村中人的发展问题。黔西县在乡村中留守的主要有三种类型的群体：一是老弱病残群体，且与贫困人口大规模重合；二是半工半耕户，均为以代际分工、性别分工为主的部分劳动力外出务工的家庭；三是中坚农民，以返乡创业、中等规模农业生产经营者为主，是乡村社会的中坚力量。在黔西脱贫攻坚的主战场，首先是让有意愿外出务工的务工，其次是采取易地搬迁的方式，让有意愿、有劳动能力的贫困群众摆脱地域对发展的制约（以太来乡为典型），最后是让留在村庄的贫困人口有稳定的收入，不断完善村庄基础设施建设，并发展村集体经济，以实行"企业＋合作社＋农户"股份合作制发展模式的集体经济为主（以林泉镇海子村为典型），从而带动离不开村庄的弱势贫困人口脱贫，满足贫困人口的基本生活需求。

实践也证明，脱贫攻坚必须大力推进内源扶贫，即从根本上加强贫困地区和贫困人口的脱贫内生动力。只有实现从消除收入贫困向消除精神贫困和能力贫困转变，着眼于群众自身反贫困能力的内源性提升，才能实现长期、持续、稳定和彻底的脱贫。在脱贫攻坚工作实践中，黔西大胆创新、沿用革命时期的农民讲习所做法，与时俱进，在传承的基础上不断创新，扶贫与扶智、扶志同时进行，走出了一条有效激发群众脱贫致富内生动力的新路子。

近年来，黔西县坚持以干部培训为抓手，通过举办新时代"大讲堂""巩固脱贫攻坚促乡村振兴专题培训会""基层干部脱贫攻坚政策培训会""前沿知识专题讲座""驻村帮扶不扎实专项治理专题培训会"等培训会议，着力提升全县各级党组织书记、第一书记、驻村干部和帮扶干部的政策理论水平及综合素质能力，着力打造一支"奋发有为"的示范队伍，进一步提升全县农村基层党组织组织力、凝聚力和战斗力，切实增强干部群众"打赢攻坚战、建设示范区"的信心和决心，持续激发全县广大党员干部群众进一步发扬黔西特别能吃苦、特别能战斗、特别能奉献的精神，抓实抓好脱贫攻坚各项工作，为确保按时高质量打赢脱贫攻坚战提供坚强保障。

◆◆ 故 事 一 ·········································································

## 科技特派员的蘑菇扶贫之路

陈孟谈，男，1975 年 3 月出生，浙江庆元人，职业经理，贵州省技术经纪人，毕节市和黔西县科技特派员，贵州省果蔬协会食用菌分会副会长，毕节市食用菌协会副会长，黔西县食用菌经济联合会会长，水西梦众创空间创业导师，黔西食用菌星创天地新时代农民讲习所所长。正是这位科技特派员，从 2013 年开始扎根在毕节黔西，探索出了一条成功的"N+1+9"技术扶贫新路子。

2013 年 2 月至 5 月在云南、贵州两省考察后，陈孟谈决定在黔西县洪水镇新桥村组建贵州高原蓝梦菇业科技有限公司。公司注册资金 500 万元，以食用菌产业为主导，科学合理利用当地富余的林副产品和木材加工厂的下脚料木屑、边皮、枝丫材、废木材，以及农业生产的下脚料玉米芯和豆秸粉等生产高营养、安全安心的食用菌产品。从 2013 年 5 月开始筹资建设的"黔西县食用菌产业示范园区"，核心区已经流转土地 402 亩，建设食用菌技术中心 580 平方米，菌棒厂 1200 平方米，钢架联栋层架培养大棚 3980 平方米，管理用户 220 平方米，单体钢架大棚75300 平方米，20 吨冷库两个，产品加工厂 300 平方米，原料加工厂 1300 平方米，并配套建设了水电路讯等基础设施。2014 年被评选为贵州省现代高效农业示范园区，在 2015 年、2016 年全省园区考核中被评为重点园区，2015 年被省农委认定为贵州省

黔西县洪水镇新桥村香菇种植基地开展蘑菇种植讲习

农产品质量安全监测点，2016年成功申报贵州省农业科技示范园区。产品通过绿色食品认证和无公害农产品认证，被评选为"乌蒙山宝　毕节珍好"毕节市名优农产品，贵州省名牌产品，全国诚信经营"3·15放心品牌"。

陈孟谈推行"聚—散—聚"的产业发展模式，即：前端对技术要求高、设备投入多、资金投入大的菌种提纯、复壮、培育工作由贵州高原蓝梦菇业科技有限公司承担，菌棒带动示范种植区的合作社按所带动区域有计划地集约化生产培养，中间出菇环节由农户分户做，带动当地农民创收致富，后端的产品统一保护价回收、加工、销售，由公司统一开发销售渠道，统一建设品牌，形成利益共同体，建立良性的食用菌生产经营体系。

为了有效规避贫困户发展产业的风险，采取"龙头公司＋经营主体＋基地＋贫困户"模式，由贫困户参与组成经营主体与龙头公司签订订单合同，统一购买公司指定生产的菌棒，由公司统一提供技术服务（"N+1+9"模式），农户按生产技术要求完成出菇管理工作，公司以统一保护价回收产品，并保证80%的农户每个菌棒可获收益1.5元以上。解决了单个农户发展食用菌产业的技术问题和市场难题，降低了农户的劳动强度，带动农民创收致富。

以"领着农民干、做给农民看、帮助农民赚"的经营理念，带头建立"公司＋合作社＋标准化基地＋农户"的订单农业经营模式，在帮助贫困户脱贫上，实施"1154"精准扶贫模式，一个贫困农户，种植一亩食用菌，投资五万元，一年获利四万元。通过两年的发展，黔西县新桥村 81 户贫困户 327 人一次性全部脱贫。2016 年，开始实施食用菌产业"1+10+N"裂变发展计划，以"1"个省级重点现代高效农业示范园区和贵州省农业科技示范园区——黔西县食用菌产业示范园区为核心园，带动建设"10"个食用菌标准化示范种植区，再由这 10 个示范种植区带动"N"家农户（企业、合作社）从事食用菌产业种植。2017 年发展食用菌 1320 万棒，辐射带动农户 1660 户，其中贫困户 500 多户，户均增收 2.1 万元，年技术培训 2000 余人次，累计辅导发展合作社及小微企业 16 家。计划到 2020 年，带动发展食用菌 1.5 亿袋，总产量达到 12 万吨，总产值 15 亿元，带动 7500 户农户从业，户均增收 5 万元，达到同步小康的目标。

## ◆◆ 故 事 二

### 四十载不忘初心，发挥余热为百姓

"金杯银杯不如老百姓的口碑，金奖银奖不如老百姓的夸奖。"这是林泉镇清塘村原村支部书记曾加祥常说的一句话，任职 30 多年来，他带领村支"两委"与村民们共同努力，让清塘村生活环境发生了翻天覆地的变化，村民们过上了家门口能就业的美好生活。来到清塘村，干净整洁的村庄格外宁静，只听见抽水机发动机的声音。走在大棚蔬菜基地里，村民正在将大棚内的积水抽干，老支部书记曾加祥和现任村支部书记曾祥兵一边察看受大雨影响的农作物，一边指导村民们如何做才能减少大雨对农作物的影响。

今年 70 多岁的曾加祥做事总是雷厉风行，他经常叮嘱共事

黔西县林泉镇清塘村原村支部书记曾加祥到大棚修理喷灌

的年轻人，要时刻铭记自己是共产党员，做事要起模范带头作用。"我在1976年加入中国共产党，到现在已经有40多年的党龄，由于得到领导的关心，组织的关爱，担任清塘村村支部书记。"清塘村原村支书曾加祥这样说道。

1984年，刚任清塘村村部支记书的曾加祥，看着村民们每天起早贪黑地劳作，过着靠天吃饭的生活，一年到头却只能解决温饱问题。当时清塘村水电不通，人均年收入在300元左右，要改变贫穷落后的现状，必须先解决水电问题，再改变村民们的思想。"我们村在水电路这些方面都十分困难，后来得到镇领导的关心，我们逐步把电的问题解决了，在各级领导的关心下水的问题也得到了解决。"清塘村原村支部书记曾加祥告诉记者。在工作中，曾加祥什么事都亲力亲为，把老百姓的事情当作自己家的事情来做，40年如一日，不仅工作踏实，还清正廉洁。

清塘村村支部书记曾祥兵说："我们清塘村老村支部书记在他工作这些年来，我们在他的带动下学到了不少东西，他经常都在教育我们对群众要公平公正，现在他已经退休了，在我担任村支部书记期间，不管遇到什么问题我都会请教他，他会主动教我们，他是值得我们学习的榜样。"近年来，清塘村围绕"农业增效、农民增收、农村增绿"，聚焦农业产业发展"八要素"，深入推进农村产业革命。通过盘活土地资源，鼓励农户以土地换资金，让农民变成产业工人。村"两委"班子成员带头将自己的土地流转给龙头企业和生产大户发展种植业，村民既可以领取流转费，又可以在基地里务工。目前，清塘村主要发展蔬菜、烤烟、花卉、苗圃景观等产业，真正让老百姓实现了"双赢"。

黔西县林泉镇清塘村原村支部书记曾加祥在种植基地察看黄瓜生长情况

"我们清塘村现在经济收入不断增加，村民 2018 年人均收入在 9000 元以上。"清塘村原村支部书记曾加祥告诉记者。说起这位老支部书记，大家都赞不绝口。清塘村村民曾军说："我们清塘村在老支部书记的带领下，现在大部分村民都把土地流转出来给乌蒙生态有限公司做花卉基地，我们村民土地流转出来也得到流转费，也在里面务工，我们在花卉基地里面务工即学技术，也可以增加收入，我现在在里面学到了技术，还可以带动村里面的其他村民来种植花卉，这些都是老支部书记一心奋斗的希望，现在比起以前自己种玉米的收入还是要翻两三倍，这是老支部书记呕心沥血的结果，感谢村支"两委"带领群众发家致富。"

林泉镇镇长张黎说："自我到林泉镇工作以来，经常与老支部书记下队交流工作，发现老支部书记是一名政治敏锐性和政治觉悟都很高的老党员，他工作上认真负责，兢兢业业，一心一意为老百姓办实事，现在虽然退休了，但还一直发挥余热，时刻把清塘村的发展放在心上，是值得全镇广大干部学习的榜样。"

◆◆故事三 ·············································································

## 外出务工练本事，回家创业富家乡

在林泉镇海子村，提起白海的多肉植物和食用菌种植基地，无人不知、无人不晓。那是一个带来产业结构调整、农民增收致富的种植基地，是乡土人才白海一手创建的带富平台。

白海，汉族，1981 年 10 月出生于林泉镇海子村。1996 年外出打工，刚开始在模具厂上班，后来辗转到云南做服装批发。2012 年至 2014 年这几年，在做服装批发的同时，利用空余时间学习多肉植物育苗种植技术和食用菌种植技术。在县委县政府积极号召在外人才积极回乡创业时，他积极响应号召，于 2015 年 7 月应海子村"两委"的邀请，回乡创业，为家乡发展产业、老百姓脱贫致富贡献自己的一份力量。

刚回到家乡的他，用在外积累的资金、经验和先进技术准备创建多肉植物和食用菌种植基地，但是，刚开始当地老百姓不理解种植多肉植物和食用菌产生的经济效益，不愿意流转土地，白海不放弃，积极向当地党委、政府汇报自己准备创建的产业以及用产业带动群众致富的规划，最后，通过政府统一流转土地，白海以给政府租地的方式获得了建设基地的土地。当时缺资金，他还是请政府的领导帮忙担保才获得周转资金，终于，2016 年成功创立了海明多肉植物园农民专业合

黔西县林泉镇海子村白海多肉植物种植基地

作社，2017 年 4 月又在合作社的基础上创办了黔西盛腾农业科技开发有限责任公司，公司主要以多肉植物花卉和食用菌种植为主，位于黔西县省级现代高效农业示范园区核心区海子村内，项目总占地 110 亩，拟投资建设资金 2490 万元人民币，建成年产量 300 万盆的多肉花卉种植基地一个，其中 1000 平方米多肉植物花卉展示厅一个，培育大棚七个，建成食用菌菌包生产车间一个，冷库一个，种植大棚 36 个，食用菌年产量达 190 吨。花卉主要销往云南、重庆、贵阳、遵义，食用菌主要销往黔西、毕节、贵阳等地。

公司建立起来了，他不忘初心，开始了自己的带富计划，主要采取了两种帮带模式：吸纳务工和带动创业。公司吸纳本村就近务工人员就业共计 110 人（含临时工），2015 年 17 人，2016 年 42 人，2017 年 51 人，其中贫困户 12 户，工资平均每个月 2000 元。另外，白海每月定期举办食用菌和多肉植物种植技术培训班，接受培训的对象都是周边的群众，他亲自上课，同时，也让公司的技术人员在种植基地手把手教群众种植技术，让群众在培训中提升种植技术从而找到致富门路。对于学到技术后自主创业的群众，公司就卖菌包给群众并提供租赁大棚进行栽种，与群众签订保障合同，按照特级菇五元，一级菇四元的价格向群众回收栽种出来的食用菌，如果群众提供本钱补贴（即如果卖菌包的价格种出来的食用菌出菇少不能收回成本，就直接补齐群众买菌包的本钱），保障群众只赚不亏，慢慢地越来越多的群众开始种菌包并增收。

白海还把产业规模扩展到了毕节市七星关区和纳雍县，年产量 200 万袋的基地，工厂化出菇，不受天气影响，一亩地可当 25 亩地的收成，白海还向当地政府承诺，拿出收益的 20% 捐赠给贫困户，在纳雍县建立的基地，同样采取将菌包卖给群众种植，向群众回收香菇，带动当地群众就业增收。

黔西盛腾农业科技开发有限责任公司从最初的小规模种植逐步完善健全种植体系，积极探索农业结构调整与转型的方向，努力实现规模化发展，示范带动效应广泛。

## ◆◆故事四

### 李兴和——马背上的脱贫路

黔西县甘棠镇毕架村坝子组残疾青年李兴和开心地抱着刚出生不久的小羊羔

李兴和骑马放牧

今年59岁的水族党员李兴和，家住贵州省毕节市黔西县甘棠镇毕架村坝子组，一岁时患小儿麻痹症左脚落下残疾，行动困难的他在马背上闯出了一条脱贫路。

李兴和初中没有毕业就辍学在家，因为腿脚残疾，他不能像村子里的年轻人那样外出务工，只能在家勉强种庄稼，李兴和一直暗暗琢磨今后的生活道路。

笔架村林地宽广、水草丰茂，适宜发展养殖业。2005年，拿定主意的李兴和征得家人同意后，以一头能繁母牛为成本开始了养殖创业，家境贫困的李兴和圈养不起只能靠散养，头脑灵光的他就骑在马背上放牧。李兴和的创业得到镇、村两级的帮助，目前存栏 10 头牛、40 只羊，他家纯天然的养殖模式深受县城市场青睐，畜牧产品常常供不应求，2018 年家庭纯收入超过 10 万元。2016 年 7 月，身残志坚的李兴和入了党，他依托自身优势积极带动 10 户农户一起养牛羊脱贫致富。

◆◆ 故事五 ··········································································

## 返乡创业就是酷 赚钱顾家能带富

"把山上的荒山变成果园，把山下的玉米地变成菜园，带领乡亲们走上致富路。"这是吕良应回乡创业时的一个誓言。吕良应现任黔西县林泉镇营脚村党支部书记、村民委员会主任。

走进林泉镇营脚村，以往的玉米地变成了绿油油的大葱基地，昔日的荒山变成了经果林，村民们从以前的农民变成了工人，腰包都鼓了起来。所有这些，都是返乡创业致富带头人吕良应与全村村民共同努力的结果。

2017 年，黔西县林泉镇营脚村返乡创业人士吕良应的果园大丰收。一串串又红又大的李子挂满枝头，吸引了不少游客前来参观采摘，为他带来了一笔可观的收入。这给村民们开了个好头，从前不愿进行产业调整的村民们，纷纷表示愿意流转土地加入合作社，种植经果林、蔬菜等经济作物。

2013 年以前，吕良应也是众多外出务工年轻人中的一位。在 2003 年，他由于家庭条件不好，高二还没上完，便辍学在外打拼，学习画框制作。

十年磨一剑，通过在制作画框行业的不懈坚持，他一步步从带班到主管，再到厂长。一次回家过春节，家乡车站广告牌上一

黔西县林泉镇营脚村大葱种植基地，群众在劳作

黔西县林泉镇营脚村大葱种植基地，村民给大葱覆土

黔西县林泉镇营脚村群众在采收大葱

句"农民工返乡创业就是酷 赚钱顾家两不误"的广告语，让吕良应想起了家乡的好山好水和老父老母。"家里的绿水青山就是得天独厚的资源，加上不少青壮年劳动力都外出打工，使很多土地都闲置下来，如果将其流转过来发展经果林种植，不失为一条好出路。"吕良应对回乡创业有了一些想法。

好想法，遇见了好政策。近年来，林泉镇进行产业结构调整，合作社如雨后春笋般兴起，不但为村民们提供了技术指导，还提供了销路支持，村民们在家门口致富的希望越来越大。

如今，在营脚村，每天都有近100名村民在合作社基地务工，他们对致富奔小康充满了希望。

通过规划，营脚村下一步将把全村荒山、

土地进行统一规划，邀请专家对土地进行检测，带领村民代表外出考察，通过招商引资，在山上种上不同季节的水果，在山下种上换季蔬菜，实现山上一年有花看、四季有果摘，山下随时有菜卖，打造集果蔬于一体的现代农业观光乡村旅游基地，为建设贯彻新发展理念示范区贡献力量。

# 后 记

　　脱贫攻坚是实现我们党第一个百年奋斗目标的标志性指标，是全面建成小康社会必须完成的硬任务。党的十八大以来，以习近平同志为核心的党中央把脱贫攻坚纳入"五位一体"总体布局和"四个全面"战略布局，摆到治国理政的突出位置，采取一系列具有原创性、独特性的重大举措，组织实施了人类历史上规模空前、力度最大、惠及人口最多的脱贫攻坚战。经过8年持续奋斗，现行标准下9899万农村贫困人口全部脱贫，832个贫困县全部摘帽，12.8万个贫困村全部出列，区域性整体贫困得到解决，完成了消除绝对贫困的艰巨任务，脱贫攻坚目标任务如期完成，困扰中华民族几千年的绝对贫困问题得到历史性解决，取得了令全世界刮目相看的重大胜利。

　　根据国务院扶贫办的安排，全国扶贫宣传教育中心从中西部22个省（区、市）和新疆生产建设兵团中选择河北省魏县、山西省岢岚县、内蒙古自治区科尔沁左翼后旗、吉林省镇赉县、黑龙江省望奎县、安徽省泗县、江西省石城县、河南省光山县、湖北省丹江口市、湖南省宜章县、广西壮族自治区百色市田阳区、海南省保亭县、重庆市石柱县、四川省仪陇县、四川省丹巴县、贵州省赤水市、贵州省黔西县、云南省西盟佤族自治县、云南省双江拉祜族佤族布朗族傣族自治县、西藏自治区朗县、陕西省镇安县、甘肃省成县、甘肃省平凉市崆峒区、青海省西宁市湟中区、青海省互助土族自治县、宁夏回族自治区隆德县、新疆维吾尔自治区尼勒克县、新疆维吾尔自治区泽普县、新疆生产建设兵团图木舒克市等 29 个县（市、区、旗），组织 29 个县（市、区、旗）和中国农业大学、华中科技大学、华中师范大学等高校共同编写脱贫攻坚故事，旨在记录习近平总书记关于扶贫工作的重要论述在贫困县的生动实践，29 个县（市、区、旗）是全国 832 个贫困县的缩影，一个个动人的故事和一张张生动的照片，印证着人民对美好生活的向往不断变为现实。

脱贫摘帽不是终点，而是新生活、新奋斗的起点。脱贫攻坚目标任务完成后，"三农"工作重心实现向全面推进乡村振兴的历史性转移。我们要高举习近平新时代中国特色社会主义思想伟大旗帜，紧密团结在以习近平同志为核心的党中央周围，开拓创新，奋发进取，真抓实干，巩固拓展脱贫攻坚成果，全面推进乡村振兴，以优异成绩迎接党的二十大胜利召开。

由于时间仓促，加之编写水平有限，本书难免有不少疏漏之处，敬请广大读者批评指正！

本书编写组

责任编辑：吴明静

封面设计：林芝玉

版式设计：王欢欢

责任校对：张红霞

**图书在版编目（CIP）数据**

中国脱贫攻坚 . 黔西故事／全国扶贫宣传教育中心 组织编写 . — 北京：
人民出版社，2022.10

（中国脱贫攻坚县域故事丛书）

ISBN 978 - 7 - 01 - 025178 - 3

I. ①中⋯　 II. ①全⋯　 III. ①扶贫 - 工作经验 - 案例 - 黔西县　 IV. ① F126

中国版本图书馆 CIP 数据核字（2022）第 193677 号

**中国脱贫攻坚：黔西故事**

ZHONGGUO TUOPIN GONGJIAN QIANXI GUSHI

全国扶贫宣传教育中心　 组织编写

**人 民 出 版 社** 出版发行

（100706　北京市东城区隆福寺街 99 号）

北京盛通印刷股份有限公司印刷　 新华书店经销

2022 年 10 月第 1 版　 2022 年 10 月北京第 1 次印刷

开本：787 毫米 × 1092 毫米 1/16　印张：9.25

字数：120 千字

ISBN 978 - 7 - 01 - 025178 - 3　定价：36.00 元

邮购地址 100706　北京市东城区隆福寺街 99 号

人民东方图书销售中心　 电话（010）65250042　65289539